안전보건관리체계 구축 및 관리감독자 평가기준

안전보건관리체계 구축 및 관리감독자 평가기준

김형근 지음

좋은땅

2022. 1. 27. 「중대재해처벌 등에 관한 법률」(이하 '중대재해처벌법'이라 함) 시행으로 기존 안전보건관리 한계를 극복하고 안전·보건에 투자를 확대하는 등 안전·보건을 경영의 필수적인 요소로 인식하고 최우선으로 고려하고 있다.

기업에서는 안전 관련 예산을 대폭 늘려 작업환경을 개선하였고, 낡은 안전장치를 교체하였으며, 근로자들의 안전체감도를 높이기 위해 체험학습장을 운영하는 등 재해를 예방할 수 있도록 종합적인 개선방안을 마련했다.

현장에 안전·보건 조치를 할 수 있도록 예산과 권한도 부여했고, 그동안 안전에 소홀히 하였던 안전활동을 강화하기 위해 안전관리 평가 비율을 10%에서 20% 이상으로 대폭 높였고 안전관리자 인력도 추가로 확보했다.

그럼에도 불구하고 안전사고가 발생하는데 사고를 일으킨 원인은 무엇인가?

산업현장에서 안전사고 발생은 돌발적이고 추가적인 작업, 작업계획서가 없는 상시적인 작업, 작업 통제가 어려운 지하 맨홀 작업, 작업조건 작업방법 작업순서 등 표준화가 되어 있지 않은 기계 수리 및 교체 정비작업 등에서 돌발적으로 발생하므로 재해 가능성을 예측하기 어려운 경우도 있다.

필자는 돌발작업 및 비정형 작업을 시행하기 이전 위험성 평가를 하거나 유해·위험작업을 하기 이전 안전작업허가서를 발행하고 작업자의 불안정한 상태 불안정한 행동을 관리하고 이상 발생 시 관리감독자가 산업안전보건법상 안전·보건 조치를 이행하면 사고는 예방할 수 있다고 생각한다.

최근 중대재해처벌법 위반 판례에 따르면 사업장 근로자의 안전사고를 예방하기 위해서는 관리감독자가 해당 업무를 충실하게 수행하는지를 평가하는 기준을 마련하고 그 기준에 따라 반기 1회 이상 평가 관리하였다면 관리감독자의 유해·위험 방지업무를 하였을 것이고, 작업 시작 전 점검을 하였을 것이고, 사전 조사 및 작업계획서를 작성하여 안전사고는 예방하였을 것이나 이를 이행하지 않아 사고가 발생하였다고 판결하고 있으므로 관리감독자 중심의 '안전보건관리'가 중요함을 시사하고 있다.

즉, 성공적인 안전보건관리체계의 현장 안착을 위해서는 사업장 내 잠재된 위험에 대해 가장 잘 알고 있는 관리감독자의 참여가 필요하기 때문이다.

본 도서는 일반적으로 사업장에서 안전보건관리체계 구축과 관리감독자 평가기준을 마련하여 안전보건경영에 참고가 되도록 하였고 자료에 대한 설명과 관련 판례를 추가하여 이해를 돕도록 노력하였다.

제1편 제1장에서는 안전보건관리체계 구축 절차로서 안전보건에 관한 목표 및 경영방침 설정, 전담조직, 유해·위험요인 확인하고 개선하는 절차, 안전보건관리책임자 등의 충실한 업무수행 지원, 종사자의 의견을 듣는 절차, 급박한 위험이 있을 경우를 대비한 매뉴얼 마련, 도급·용역·위

탁 시 안전보건 확보 절차 등 일반적인 사항을 소개하였다.

제2편 제1장 및 제2장에서는 제조업과 건설업에서의 관리감독자 평가 기준을 소개하였다.

제3편 제1장 및 2장에서는 중대재해처벌법 시행령 제4조 위반에 대한 법원 판례 및 범죄사실 구성요건에 해당하는 고의성, 예견성, 인과관계를 소개하고 특별안전·보건 교육 관련 판례를 소개하였다.

제4편은 산업안전보건법 위반이 매개된 판례를 소개하였다.

끝으로 이 책을 출간하기까지 성원해 주신 출판사 관계자 및 모든 분에게 감사드리며 안전업무를 수행하시는 분에게 조그만 도움이 되었으면 합니다.

2025. 4.

김형근 올림

차례

제4편
산업안전보건법 위반이 매개된 경우 중대재해처벌법 위반 판례

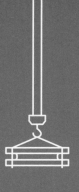

제1편

안전보건관리체계

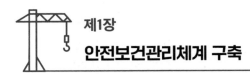

제1장
안전보건관리체계 구축

1. 안전·보건 목표와 경영방침의 설정

사업 또는 사업장의 안전·보건에 관한 목표와 경영방침 설정은 안전보건에 관한 지속적인 개선 및 실행을 하기 위함으로 기업의 사업장 특성과 유해·위험요인을 반영하여야 하고 종사자들이 목표와 경영방침을 인식하고 행동할 수 있도록 하여야 한다.

회사의 안전보건 목표 및 경영방침을 설정할 때 우선으로 고려할 것은 구체적이고 실현 가능한 목표가 설정되어야 하고 개량화가 가능하거나 성과에 대한 평가가 가능하도록 하고 실제로 성과에 연계될 수 있도록 작성되어야 한다.

목표와 경영방침을 도출할 때는 종사자 등과 협의를 하거나 별도의 산업안전보건위원회, 근로자협의체 등 있을 경우 제도를 활용하고 의견수렴을 통해 목표를 수립하고 보완할 수 있도록 경영 차원에서 노력이나 구체적 대책 등 방안을 마련하면 좋을 듯하다. 다음 예시를 통해 안전보건 목표 및 경영방침을 살펴보기로 한다.

〈예시 1〉

경영목표	중대재해 ZERO
경영방침	1. 안전한 일터를 조성한다. 2. 안전한 작업 환경을 조성한다. 3. 안전문화 구축 및 안전소통에 노력한다.

〈예시 2〉

경영방침	주식회사 ○○는 종사자의 안전보건을 실천하기 위해 다음과 같이 경영방침을 정한다. 1. 경영책임자와 종사자는 안전을 최우선 가치로 하는 경영활동을 한다. 2. 안전보건 실천을 하기 위해 주기적인 성과측정을 한다. 3. 종사자의 의견 청취를 통한 안전문화 소통에 노력한다. 4. 1일 현장점검을 실천하고 산업재해 예방을 위해 노력한다.

〈예시 3〉

경영방침	주식회사 ○○는 안전보건에 모두 참여하는 노사가 상생 기업으로 안전한 작업장 구축을 위해 노사가 상호 노력한다. 1. 안전한 일터 조성과 일하기 좋은 근무환경을 마련하기 위해 함께 소통하고 노력한다. 2. 사업장의 유해·위험요인 발굴하고 개선하는 데 최우선으로 한다.

위 〈예시 3〉 경영방침에 대한 연도별 목표 달성도 및 세부과제 이행은 다음과 같다.

목표	1. 안전환경 운영 실천	2. 안전소통 문화 확산
과제	1-1. 안전관리체계 구축 1-2. 스마트 환경설비 1-3. 협력하는 상생 문화	2-1. 임원진 1일 소통 2-2. 관리감독자 현장점검 2-3. 안전소통 채널 운영

위 〈예시 1〉에서 설정한 경영목표는 '중대재해 ZERO'이고 경영방침은 '안전한 일터 조성', '안전한 작업 환경 조성', '안전문화 구축과 안전소통에 노력한다'라고 설정하였다.

이러한 목표 설정은 사업 특성과 규모가 반영된 목표라고 하기보다도 일반적으로 사용하는 업계의 표준적인 양식에 해당하는 것으로 볼 수 있다. (창원지방법원 마산지원 2023. 8. 25. 선고 2023고합8 판결) 위 〈예시 1〉에서는 안전보건에 관한 목표 달성도를 측정하는 내용과 세부과제가 제시되지 아니하므로 안전·보건 경영에 대한 목표 달성도를 개량화할 수 있는지 설명이 부족하다고 볼 수 있다.

〈예시 2〉에서 설정한 경영방침은 실천방안이 어떻게 도출되었고 어떤 과제를 이행하여 목표를 달성하려는 것인지 지표가 나타나 있지 않았다. 목표와 경영방침은 추상적인 용어를 정하는 것보다 각각의 사업장 특성을 반영한 경영 차원에서 노력이나 구체적인 대책 방안들이 마련되어야 한다.

〈예시 3〉에서 설정한 경영방침은 세부 추진과제를 매년 이행하면서 수정 변경하는 것으로 하고 있고 과제를 수행하면서 목표를 달성하려는 정량적인 측정을 할 수 있도록 마련하였다. 예를 들어 스마트 환경설비의 경우 몇 개를 설치하는데 2025년 목표 값을 %으로 한다고 정하고 있어, 목표 달성도에 대해 전 직원이 공유하고 연도별 설비 투자 예산을 중장기적으로 확보하여 점진적으로 개선하려는 경영자의 의지가 있는 것으로 볼 수 있다.

〈예시 3〉에서 목표 1, 목표 2는 각각 정량적인 달성도 측정이 가능하고 누가 어떻게 현장에서 실천하였는지를 확인할 수 있고 이를 통해 최종적인 경영방침을 이행하는 것으로 볼 수 있다. 추진과제에 대한 목표 달성도 및 성과측정은 다음과 같이 지표를 만들어 운영할 수도 있다.

목표	추진계획	달성도 %	성과측정	담당자
안전환경 운영 실천	1-1. 안전관리체계 구축 1-2. 스마트 환경설비 1-3. 협력하는 상생 문화		정량 정성	
안전소통 문화 확산	2-1. 임원진 1일 소통 2-2. 관리감독자 현장점검 2-3. 안전소통 채널 운영		정량	

위 사례는 개별적인 사업장의 특성이 반영되지 않는 일반적인 사항의 예시에 해당한다. 따라서 사업장 특성상 유해 위험 물질을 많이 취급하는 업종, 화재 폭발 위험이 있는 업종, 석유화학 취급 업종, 위험기계 기구가 많은 업종에서는 각 사업장 특성이 다르므로 개별 특성 등을 반영하여 마련하면 바람직하다고 생각한다.

중대재해처벌법 시행령 제4조 제1호의 안전보건 목표 및 경영방침 관련 법원은 다음과 같이 판단하였다. "안전보건경영방침의 내용은 반복적인 재해를 감소하기 위한 경영적 차원에서의 노력이나 구체적인 대책 방안 등을 반영한 목표나 경영방침으로 보기 어렵고, 2022. 2월 작성되었다고 하지만 전파되는 등 시행되지 않다가 이 사건 사고 이후 재작성된 것으로 보이므로 중처법 시행령상의 안전보건에 관한 목표와 경영방침 설정 의무를 이행하였다고 보기 어렵다. (춘천지방법원 2024. 8. 8. 선고 2024고단1445 판결) 중대재해처벌법 시행령 제4조 제1호 규정된 안전보건에 관한 목표와 경영방침은 사업 또는 사업장 특성과 규모가 반영되어야 하고 업계에 통용되는 표준적인 양식을 별다른 수정 없이 활용하는 데 그치거나 안전보건 확보하기 위한 실질적인 구체적인 방안이 포함되지 않아 명목상의 것에 불과한 경우에는 중대재해처벌법에서 요구하는 목표와 경영방침을 설정하였다고 볼 수 없다"라고 판단하였다. (창원지방법원 마산지원 2023. 8. 25. 선고 2023고합8 판결)

위 판결에서 경영적 차원에서의 노력이나 구체적인 대책 방안 등을 반영한 것이란 사업장의 위험요인을 분석하고 이에 대한 본질적, 공학적, 관리적 개선사항 등이 반영되어야 하고 사업장의 안전보건 확보를 위한 충분한 인력이 있는지 확인하고 인력이 부족한 경우 추가로 확보하는 등 적극적인 경영자의 리더십을 반영한 체계 구축을 해야 한다는 의미로 볼 수 있다.

2. 안전·보건업무를 총괄·관리하는 전담조직 설치

중대재해처벌법 시행령 제4조 제2호에서는 상시 근로자 수가 500명 이상인 사업 또는 사업장과 「건설산업기본법」 제8조 및 같은 법 시행령【별표 1】에 따른 토목건축공사업에 대해 같은 법 제23조에 따라 평가하여 공시된 시공능력의 순위가 상위 200위 이내인 건설사업자는 안전·보건에 관한 업무를 총괄·관리하는 전담조직을 두도록 규정하고 있다.

전담조직을 두는 취지는 특정 사업장의 안전보건이 아닌 전체 사업 또는 전체 사업장을 총괄적으로 관리해야 하며, 경영책임자는 안전보건관리책임자 등이 현장에서 안전·보건 조치를 제대로 이행하고 있는지를 확인하고 전사적인 관리를 위한 컨트롤 타워가 필요하기 때문이다.

고용노동부 해설서에 따르면 전담조직은 2명 이상이어야 하되 안전보건 업무를 총괄관리하는 조직의 인원, 자격 등 구성방법에 관하여 규정하고 있지 않으므로 사업 또는 사업장의 특성, 규모 등을 고려하여 중대재해처벌법 제4조 또는 제5조에 따른 안전보건에 관한 업무를 총괄 관리할 수 있는 합리적인 인원으로 구성된 조직을 두어야 하는 것으로 설명하고 있다. (고용노동부 중대재해처벌법 해설서, 2021. 11.)

특정 기업을 선정하여 전담조직 설치 관련 업무분장 예시를 설명하기 어려우나 일반적으로 설명을 하면 다음과 같다.

<〈예시 1〉>

구분	분장업무
(본사전담) 안전보건실	안전보건관리체계 구축 및 매뉴얼 절차서 관리
	안전보건 기본계획 수립
	안전보건 세부절차 관리
	안전보건 의무이행 점검 및 사후 조치 (시행령 제5조)
	위험성평가 관리
	협력기업 안전보건 평가 및 관리

〈예시 2〉

구분	분장업무
(본사전담) 안전보건실	안전보건관리체계 구축 및 매뉴얼 절차서 관리
	안전보건 기본계획 수립
	안전보건 세부절차 관리
	안전보건 의무이행 점검 및 사후 조치 (시행령 제5조)
	위험성평가 관리
	협력기업 안전보건 평가 및 관리
(지사) 공장1, 2	안전보건관리체계 구축 이행 1차 자율점검
	위험성평가 (수시, 상시) 현장 실시
	안전보건 세부절차 이행확인
	협력기업 안전보건 1차 관리

위 〈예시 1〉은 본사에 전담조직을 안전보건실에 편성하여 운영하도록 하였을 경우를 설명한 것이며 〈예시 2〉는 본사에 전담부서를 두었고 지사

에 1, 2공장을 두어 안전·보건 조직을 운영하는 사례를 설명한 것이다.

본사에서 안전·보건을 주도적으로 총괄관리하는 경우는 경영책임자의 주도하에 직접적인 안전보건 지시를 받고 이행하므로 중대재해처벌법 체계상 신속하게 보고하는 체계로 마련된 것으로 볼 수 있다.

위 예시와 같이 본사에 컨트롤 타워 역할을 하는 조직을 둘 것인지, 아니면 지역에 별도의 안전·보건 인력을 두고 지역별 관리를 할 것인지 여부에 대해서는 사업장의 특성과 경영여건을 고려하여 운영할 수 있다. 다만 관리대상의 사업장이 여러 곳이면 지사1, 2에 적절한 안전·보건 인력을 두고 업무를 수행하는 것이 바람직하다고 생각되며 본사에서 전사적으로 관리해야 하는 경영책임자의 의무이행 업무는 다음과 같다.

구분	분장업무
중대재해처벌법 시행령 제4조 제1호~제9호	안전보건 목표 달성도 관리
	유해 위험요인 반기 1회 이상 점검 및 개선
	안전보건관리책임자 등 권한, 예산 적정성 관리 및 해당 업무를 충실하게 수행하는지 평가관리
	안전보건 선임인력 적정배치 및 업무수행 시간 보장 및 인력관리
	종사자 의견 청취 및 개선 절차 운영에 대한 반기 1회 이상 점검
	비상대응 매뉴얼 절차 마련 및 반기 1회 이상 점검
	도급, 용역 위탁기준 절차 이행 여부 점검
	적격 수급인 평가절차 반기 1회 이상 점검

중대재해처벌법 시행령 제5조	안전·보건 관계 법령에 따른 의무를 이행했는지 반기 1회 이상 점검
	제1호에 따른 점검 또는 보고 결과 안전·보건 관계 법령에 따른 의무 이행 확인, 인력배치 예산 추가편성 집행 등
	유해·위험한 작업에 관한 안전·보건에 관한 교육이 시행되었는지를 반기 1회 이상 점검
	점검 또는 보고 결과 시행되지 않은 교육에 대해 이행의 지시, 예산의 확보 등 교육 시행

중대재해처벌법은 경영책임자가 안전보건 의무이행에 따른 반기 1회 이상 점검을 하도록 규정하고 있으므로 점검 결과를 경영책임자에게 보고하고 관계 법령에 따른 의무가 이행되지 않은 사실이 확인되는 경우 경영책임자는 재해 예방을 위해 필요한 안전·보건에 관한 인력, 시설과 장비를 갖추거나 유해·위험요인을 개선하거나 그 밖에 필요한 사항을 조치해야 한다.

전담조직 설치 대상은 산업안전보건법 제17조 안전관리자, 같은 법 제18조 보건관리자, 같은 법 제19조 안전보건관리담당자, 같은 법 제22조 산업보건의 등 전문인력 3명(위탁인력 포함)으로 규정하고 있다.

여기에서 전문인력 '3명'의 의미는 개인사업주, 법인, 개인 등 모든 사업장에서 두어야 하는 안전관리자, 보건관리자, 안전보건관리자, 산업보건의가 총 3명 이상인 경우로서 전체의 모든 사업장에 두어야 하는 안전관리자 등 전문인력의 수를 합산하여 3명 이상인지를 판단한다. (중대산업재해감독과-1713, 2021. 11. 26.)

예를 들어 어떤 회사가 관리하는 전 사업장 A, B, C에서 안전보건 관리자의 선임기준에 적정하여 회사에서 선임하는 경우는 다음과 같이 설명할 수 있다.

A 사업장 안전관리자 1명 선임, B 사업장 안전관리자 2명 및 보건관리자 1명, C 사업장 안전관리자 1명 선임의 경우는 3개 사업장에서 총 5명이므로 전담 안전조직 배치 기준이 성립되는 것을 의미한다.

고용노동부는 전문인력 외 별도의 인력구성 조직으로 "대학교 또는 의료기관이 독립성을 가지고 분리되어 있어 별개의 사업장으로 평가될 수 있고, 사업장별로 전문인력을 선임하고 해당 사업장의 안전보건관리책임자의 직속 조직에 속하도록 했다 하더라도, 그 전문인력은 각 사업장으로서 해당 대학교 또는 의료기관에서 산업안전보건법에 따른 안전관리자 또는 보건관리자의 업무를 수행해야 하는 것이며, 전담조직은 특정 사업장의 안전·보건에 관한 업무가 아닌 전체 사업 또는 사업장으로서 학교법인의 안전·보건에 관한 업무를 총괄·관리해야 하므로 위 전문인력과는 별도로 구성되어야 한다." (중대산업재해감독과-1725, 2021. 11. 22.) 라고 해석하였다.

즉, 중대재해처벌법 시행령 제4조 제2호에 따른 전담조직은 경영책임자의 안전 및 보건 확보의무 이행을 총괄하여 관리하기 위한 조직으로 안전보건관리체계의 구축 및 이행 등이 실질적으로 이루어지도록 하는 컨트롤 타워 역할을 전담 수행해야 하고, 전담조직은 독립된 조직으로 구성하여 전체 사업 또는 사업장의 안전 및 보건에 관한 업무만 전담하도록 해야 하고, 그 구성원도 해당 업무만 전담하여 수행하고 (중대산업재해감독과-2839, 2022. 7. 22.) 전담조직은 각 사업장의 직접적인 안전 및 보건조치에 관한 업무를 수행하는 조직이 아니라, 사업장 업무수행에 대한 유해·위험요인의 개선 여부를 점검하는 등 안전·보건상의 관리업무를 하는 조직이다. (중대산업재해감독과-2866, 2022. 7. 25.) 라고 해석하였다.

이와 같은 행정해석은 사업 또는 사업장의 특성 규모 등을 고려하여 중대재해처벌법 제4조 및 제5조에 따른 안전·보건에 관한 업무를 총괄·관리할 수 있는 합리적인 인원으로 구성된 조직을 두어야 하는 취지로 설명하고 있다.

전담조직 관련 법원은 공사현장에서 흐트러진 골재 등을 빗질하여 정리하는 작업을 하다가 굴착기에 역과되어 사망한 사고 관련 안전·보건에 관한 업무를 총괄·관리하는 전담조직을 두지 아니하였다"라고 판결하였다. (대구지방법원서부지원 2023. 11. 17 선고 2023고단 593가 판결)

3. 유해·위험요인 확인 개선 절차 마련과 점검 및 조치

중대재해처벌법 시행령 제4조에서 가장 많은 위반으로 판결하고 있는 항목은 제3호 유해·위험요인 확인 개선 절차 마련과 점검 및 필요한 조치와 제5호 안전보건관리책임자 등이 해당 업무를 충실하게 수행하는지를 평가하는 평가기준이다. 2024년 12월 말 기준 법원 1심 판례 내용을 살펴보면 다음과 같다.

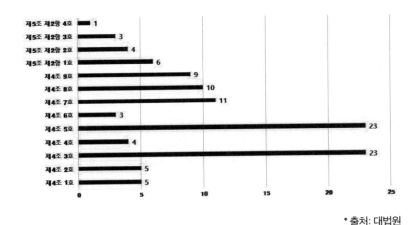

* 출처: 대법원

위험성평가는 제조업에서 사업장 특성에 맞게 유해·위험요인을 스스로 발굴하고 제거, 대체, 통제하는 순으로 절차를 마련하는 것으로 산업재해 예방의 기본적인 조치이고 이를 위반하는 경우 사망사고와 인과관계가 대부분 형성된다.

따라서 사업장에서 유해·위험요인을 확인하고 개선하는 절차를 마련하였다면 사고가 발생하지 않았다는 것으로 해석할 수 있다. 법원은 "산업안전보건법 제36조와 그 위임에 따른 사업장 위험성평가에 관한 지침(고용노동부 고시 제2020-53호)이 규정하는 방법과 절차·시기 등에 대한 기준을 전혀 반영하지 않고 일반적인 사항에 대한 절차만 규정해 이 사건 공사현장의 특성과 작업의 공정을 적절히 파악하고 이동식 크레인 기사 등 해당 작업을 수행하는 근로자들의 참여 등을 통해 실질적인 위험요인을 찾아내 평가할 수 없도록 하였다" (의정부지방법원 고양지원 2023. 10. 6. 선고 2023고단3255 판결) 라고 판단하고 있다. 즉 유해·위험요인 확인 개선 절차 마련하는 데 고용노동부 고시 기준에 부합하지 않음을 설명하고 있다.

　또한, 위험성평가 절차가 마련되어 있으나 형식적으로 마련하여 현장에서 활용할 수 없어 사망사고에 이르렀다는 판례도 있다. 법원은 "업무절차에는 유해·위험 요인에 대한 신고, 종사자의 의견 청취를 포함한 유해·위험 요인에 관한 확인, 유해·위험 요인 확인 시 작업의 중단, 실효성 있는 안전확보 방안의 마련과 검토 등이 포함되어야 할 것이고, 업무절차의 구체적인 내용은 산업안전보건법 제36조에서 정한 위험성 평가의 방식과 절차에 따르는 정도에 이를 것이 요구되어야 하는데 위험성 평가가 구체적으로 어떠한 방식과 절차에 따라 이루어졌는지, 위험성의 결정은 누가 어떻게 판단한 것인지, 해당 근로자의 의견은 어떠한지, 대책은 어떻게 수립되었고 그 실효성 검토가 어떻게 이루어졌는지 등에 관해서는 이를 파악할 수 있는 자료가 없다."라고 판단하였다. (청주지방법원 2024. 9. 10. 선고 2023고단1464 판결)

위험성평가를 하는 이유는 다음과 같은 유형의 사고에서 사고 위험요
인을 개선하여 안전사고를 예방하기 위함이다.

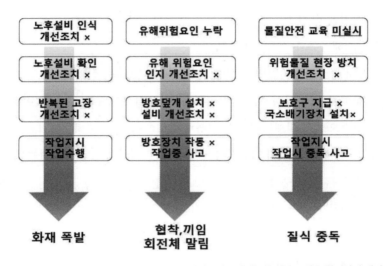

노후설비 인식 개선조치 ×	유해위험요인 누락	물질안전 교육 미실시
노후설비 확인 개선조치 ×	유해 위험요인 인지 개선조치 ×	위험물질 현장 방치 개선조치 ×
반복된 고장 개선조치 ×	방호덮개 설치 × 설비 개선조치 ×	보호구 지급 × 국소배기장치 설치×
작업지시 작업수행	방호장치 작동 × 작업중 사고	작업지시 작업시 중독 사고
화재 폭발	협착,끼임 회전체 말림	질식 중독

* 출처: 산업안전보건기준에 관한 규칙을 참조하여 재정리

유해·위험요인 확인 개선 절차를 마련하는 경우 사업장의 특성을 반영
하여야 하고(창원지방법원 2023. 11. 3. 선고 2023고단1429 판결) 관리감
독자, 안전보건총괄책임자가 안전보건 기준에 관한 규칙 제35조 제1항에
서 정하는 관리감독자 유해·위험방지【제3호】를 위한 사항들이 반영되어
야 함을 시사한다.

가. 위험성평가 시기

「산업안전보건법」에 따른 위험성평가 실시는 정기평가뿐만 아니라 수
시평가 등 실시해야 「산업안전보건법」에 따른 위험성평가를 이행한 것으

로 간주될 수 있다. 즉 위험성평가 제도를 도입하고 해당 절차에 따라 위험성평가를 모두 실시하고 이에 더하여 그 실시 결과를 경영책임자 등이 보고받았다면, 중대재해처벌법에 따른 유해·위험요인의 확인 및 개선에 대한 점검을 반기 1회씩 연 2회 모두 실시한 것으로 간주할 수 있다. (중대산업재해감독과-2542, 2022. 7. 1.)

따라서 중대재해처벌법 시행령 제4조 제3호 단서는 산업안전보건법 제36조에 따른 위험성평가를 직접 실시하거나 실시하도록 하여 실시 결과를 보고받으면 중대재해처벌법 시행령 제4조 제3호의 유해·위험요인 확인 및 개선에 대한 반기 1회 점검을 한 것으로 간주하도록 규정하는데(중대산업재해감독과-2007, 2021. 12. 20.) 가장 중요한 것은 위험성평가 제도를 도입하고 해당 절차에 따른 것이다.

이때 '절차'란 사전준비, 유해·위험요인 파악, 위험성 결정, 위험성 감소대책 수립 및 실행, 위험성평가 실시내용 및 결과에 관한 기록 및 보존(사업장 위험성평가에 관한 지침, 고용노동부고시 2024-76, 2025. 1. 1.) 등 5단계에 의한 것이고 위험성평가 시기를 명확히 하고 위험성평가에서 모든 근로자가 공유하는 것을 전제 조건으로 하고 있다.

이러한 절차를 마련하기 위해서는 사업장 나름대로 별도의 체계적인 시스템을 구축하여 운영하는 것이다. 한 예로 어떤 사업장은 제조업 공장이 여러 곳으로 나누어져 있고 상시적으로 위험성을 평가해야 하고, 본사에서 전산화를 통해 관리하여야 한다면 공장별 생산을 관리하는 관리감독자들에게 아이디 등을 권한을 부여하여 상시 평가를 하는 것이다.

사업장 건설물의 설치·이전·변경 또는 해체, 기계·기구, 설비, 원재료 등의 신규도입 또는 변경, 건설물 기계·기구 설비 등의 정비 또는 보수, 작업방법 또는 작업절차의 신규 도입 또는 변경 등인 경우에도 수시 위험성평가를 해야 한다.

사업장별 위험성평가 절차를 마련하여 운영하는 것은 차이가 있을 수밖에 없다.

나. 위험성평가 절차

위험물을 제조하거나 취급하는 작업에서 관리감독자의 직무수행 내용을 살펴보면 다음과 같다. 화재 폭발의 경우 고위험 사업장에서 위험물을 제조하거나 취급하는 작업과 고압 작업을 하는 경우, 밀폐공간 작업을 하는 경우에 관리감독자의 직무수행은 다음과 같다.

작업의 종류	직무수행 내용
4. 위험물을 제조하거나 취급하는 작업(제2편 제2장 제1절)	가. 작업을 지휘하는 일 나. 위험물을 제조하거나 취급하는 설비 및 그 설비의 부속설비가 있는 장소의 온도·습도·차광 및 환기 상태 등을 수시로 점검하고 이상을 발견하면 즉시 필요한 조치를 하는 일 다. 나목에 따라 한 조치를 기록하고 보관하는 일
19. 고압작업(제3편 제5장)	가. 작업방법을 결정하여 고압 작업자를 직접 지휘하는 업무 나. 유해가스의 농도를 측정하는 기구를 점검하는 업무 다. 고압 작업자가 작업실에 입실하거나 퇴실하는 경우에 고압 작업자의 수를 점검하는 업무 라. 작업실에서 공기조절을 하기 위한 밸브나 콕을 조작하는 사람과 연락하여 작업실 내부의 압력을 적정한 상태로 유지하도록 하는 업무

	마. 공기를 기압조절실로 보내거나 기압조절실에서 내보내기 위한 밸브나 콕을 조작하는 사람과 연락하여 고압 작업자에 대하여 가압이나 감압을 다음과 같이 따르도록 조치하는 업무 (1) 가압을 하는 경우 1분에 제곱센티미터당 0.8킬로그램 이하의 속도로 함 (2) 감압을 하는 경우에는 고용노동부장관이 정하여 고시하는 기준에 맞도록 함 바. 작업실 및 기압조절실 내 고압작업자의 건강에 이상이 발생한 경우 필요한 조치를 하는 업무
20. 밀폐공간 작업(제3편 제10장)	가. 산소가 결핍된 공기나 유해가스에 노출되지 않도록 작업 시작 전에 해당 근로자의 작업을 지휘하는 업무 나. 작업을 하는 장소의 공기가 적절한지를 작업 시작 전에 측정하는 업무 다. 측정장비·환기장치 또는 공기호흡기 또는 송기마스크를 작업 시작 전에 점검하는 업무 라. 근로자에게 공기호흡기 또는 송기마스크의 착용을 지도하고 착용 상황을 점검하는 업무

위험물질 제조 및 취급작업에서 위험성평가 매뉴얼을 마련한다면 다음과 같이 예시를 들 수 있다.

관리 번호	위험성평가 절차서	제 정 일: 2022.01.27	
		개 정 일: 2025.01.02	
		개정횟수:	
		관리번호:	
연번	주요내용	개정일	승인자
1	위험물질 제조 작업	2024.01.02	
2	위험물 취급작업	2024.01.02	
·	·		
·	·		
·	·		

일반적인 위험성평가 절차 예시는 다음과 같다.

《위험성평가 절차》

1) 목적
- 사업장의 유해·위험요인을 파악하고 이를 평가하여 관리 개선하기 위해 기준을 마련하고 유해·위험요인을 발굴하고 관리하여 종사자들이 안전한 환경에서 작업하도록 하는 데 목적이 있다.

2) 용어의 정의
- '유해·위험요인'이란 유해·위험을 일으킬 잠재적 가능성이 있는 것의 고유한 특징이나 속성을 말한다.
- '위험성'이란 유해·위험요인이 사망, 부상 또는 질병으로 이어질 수 있는 가능성과 중대성 등을 고려한 위험의 정도를 말한다.
- '위험성평가'란 사업주가 스스로 유해·위험요인을 파악하고 해당 유해·위험요인의 위험성 수준을 결정하여, 위험성을 낮추기 위한 적절한 조치를 마련하고 실행하는 과정을 말한다.
- '위험성추정'이란 유해·위험요인에 대해 추정한 위험의 크기가 허용이 가능한지 그 여부를 판단한다.

3) 감소대책 수립 및 실행
- 유해·위험요인의 위험성 수준을 판단하는 기준을 마련하고, 유해·위험요인별로 허용 가능한 위험성 수준을 정하거나 변경하는 경

우와 유해·위험요인의 위험성이 허용 가능한 수준인지 여부를 결정하는 경우를 말한다.

- 위험성평가 감소대책 수립 및 실행에서 고려해야 하는 사항은 다음과 같다.
- 위험성 감소를 위한 우선 순위를 결정하는 방법은 위험성의 크기가 큰 것부터 한다.
- 감소대책의 구체적 내용은 법령에서 규정하는 사항은 반드시 실행한다.
- 중대한 위험이 있고 문제가 있는 경우 즉시 위험성 감소 조치를 실시한다.

4) 책임의 권한

- 공장장
- 정기 위험성평가 계획 수립 및 계획 승인
- 위험성평가 고위험 개선 계획 승인
- 센터장
- 위험성평가 계획 수립 및 평가 주관
- 위험성평가 결과 검토
- 위험성평가 교육 훈련 개선 계획 검토
- 협력기업 위험성 평가 검토
- 1라인 설비팀장
- 정기 및 수시 위험성평가 실시
- 종사자 위험요인 공지 및 교육
- 유해·위험요인 발굴, 위험요인 종사자 의견 청취

5) 위험성평가 시기 및 판단법

구분	작업공정 위험성평가	설비교체 위험성평가
평가 시기	• (정기) 매년 1회 • (수시) 신제품 생산 시 • (상시) 주 · 일 단위	• (최초) 설비 준공 시 • (정기) 매년 1회 • (수시) 설비 변경 시 • (상시) 주 · 일 단위
위험성 판단법	• 3단계 판단법 • 체크리스트법 • 빈도 · 강도법	• 3단계 판단법 • 체크리스트법 • 빈도 · 강도법
위험 요인	• 적재물 낙하 • 유해 · 위험물질 • 촉박한 납기 • 경험부족 • 임시작업 • 중량물 작업	• 작업장소 어두움 • 바닥이 미끄러움 • 작업 공간 부족 • 차량용 하역 운반기계 통로 • 주변이 시끄러움 • 주변 온도가 높음

가) 위험성평가 실시 시기

- 최초평가: 신규 설비교체작업, 준공, 기계장치 사용개시 이후
- 정기평가: 매년 또는 반기 · 분기별, 기계 · 기구, 설비 등의 기간 경과에 의한 성능 저하, 근로자의 교체 등에 수반하는 안전 · 보건과 관련되는 지식 또는 경험의 변화, 안전 · 보건과 관련되는 새로운 지식의 습득, 현재 수립된 위험성 감소대책의 유효성 등
- 수시평가: 사업장 건설물의 설치 · 이전 · 변경 또는 해체, 기계 · 기구, 설비, 원재료 등의 신규 도입 또는 변경, 건설물, 기계 · 기구, 설비 등의 정비 또는 보수(주기적 · 반복적 작업으로서 이미 위험성 평가를 시행한 경우에는 제외), 작업방법 또는 작업절차의 신규 도입 또는 변경,

중대산업사고 또는 산업재해(휴업 이상의 요양을 필요로 하는 경우에 한정) 발생, 그 밖에 사업주가 필요하다고 판단한 경우
- 상시 평가: 월, 주, 일 단위의 단계적 위험관리, 도급사업주 등 위험성 공유(매주), 사업장 순회 점검 유해 위험요인 발굴 및 위험성평가(매월), TBM(매일)

나) 위험성 결정방법
- 빈도·강도법: 위험성의 빈도(가능성)와 강도(중대성)를 곱셈, 덧셈, 행렬 등의 방법으로 조합하여 위험성의 크기(수준)를 산출해 보고, 허용 가능한 수준인지 살펴보는 방법
- 체크리스트(Checklist)법: 유해·위험요인별로 체크리스트를 만들어 유해·위험요인의 위험성과 현재 조치사항을 종합하여 허용 가능한 수준인지 판단
- 위험성 수준 3단계(저·중·고) 판단법: 위험성 수준을 상·중·하 또는 저·중·고와 같이 간략하게 구분
- 핵심요인 기술(One Point Sheet)법: 핵심 질문에 답변하는 방법으로 유해·위험요인은 무엇인지 파악

6) 위험요인 파악 방법 및 평가 대상
가) 위험요인 파악

구분	주요내용
관리감독자	• 제품 생산 시 유해·위험요인 파악 • 위험성평가 결과서와 해당 작업(공정) 현장 확인

작업종사자	• 작업 관련 전 단계 참여 • 제안제도
외부참여자	• 현장 순회 위험요인 발굴 • 해당 작업 종사 근로자 위험성평가 참여 확인

나) 평가 대상

- 사업장 내 작업자에게 노출된 것이 확인되었거나 노출될 것, 누구나 예견하는 모든 유해·위험요인
- 부상 또는 질병으로 이어질 가능성이 있었던 아차사고
- 사고를 일으킨 유해·위험요인
- 중대재해 발생으로 중대재해의 원인이 되는 유해·위험요인

7) 근로자 참여 방법

구분	주요내용
안전보건 제안제도	• 근로자가 사업장 내 유해·위험요인을 발견하면 신고할 수 있 도록 조치 • 정기적 접수·검토, 신고자에 인센티브 부여 권고
아차사고 발굴 신고제도	• 오프라인 게시판, 온라인 시스템 활용, 근로자들의 자유로운 신고 • 아차사고는 위험성평가를 통해 관리
근로자 안전소통 채널 운영	• 문자메시지, SNS, 사진 등 제보 • 기관 등 외부 SNS 통한 안전보건 정보제공

8) 위험성평가 절차

위험성평가의 절차는 일반적으로 사전준비, 유해·위험요인 파악, 위험

성 결정, 위험성 감소대책 수립 및 실행, 위험성평가 실시내용 및 결과에 관한 기록 및 보존 순으로 진행된다. (다만, 상시근로자 5인 미만 사업장, 건설공사의 경우 1억 원 미만의 경우 위 절차를 생략한다.)

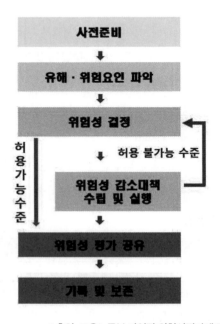

* 출처: 고용노동부 사업장 위험성평가에 관한 지침을 재구성함

위험성평가를 실시하기 전에 위험성의 수준과 그 수준을 판단하는 기준, 허용 가능한 위험성의 수준을 정해야 한다. 위험성평가 시 사전준비를 하는 이유는 효과적으로 실시하기 위함이고 최초 위험성평가 시 평가의 목적 및 방법, 평가 담당자 및 책임자의 역할, 평가시기 및 절차, 근로자에 대한 참여·공유방법 및 유의사항, 결과의 기록·보존을 하는 순으로 하되 지속적인 관리를 해야 하기 때문이다.

사업주가 사업장 안전보건 정보를 사전에 조사하여 위험성평가 시 활용하는 것은 작업표준과 작업절차 등에 관한 정보, 기계·기구 설비 등의 사양서, 물질안전보건자료(MSDS) 등의 유해·위험요인에 관한 정보, 기계·기구 설비 등의 공정 흐름과 작업 주변의 환경에 관한 정보, 산업안전보건법 제63조에 따른 작업을 하는 경우로서 같은 장소에서 사업의 일부 또는 전부를 도급하여 행하는 작업이 있는 경우 혼재 작업의 위험성 및 작업 상황 등에 관한 정보, 재해사례 재해통계 등에 관한 정보, 작업환경 측정결과, 근로자 건강진단결과에 관한 정보 등이다.

참고로 고용노동부의 위험성평가 특화점검과 일반감독, 특별감독은 다음 내용을 중점적으로 확인하고 있으므로 이러한 점을 반영하여야 한다.

구분		주요내용		
		위험성평가 절차 및 내용	재발방지 대책	3대 사고유형 8대 위험요인
위험성평가 특화점검	고위험 사업장	사업장 위험성평가에 관한 지침 (고용노동부 고시)		
	중대재해 발생직후	″		
일반감독 (업종별감독, 유관기관 연계감독, 기획감독)		″		
특별감독		″		

고용노동부의 위험성평가 특화점검의 목적은 단순히 법 위반사항 적발

이 아닌 노사가 함께 스스로 위험요인을 진단하고 개선하는 것이므로 자기규율 예방체계를 구축하는 것이 산재 사고를 실질적으로 줄일 수 있는 길이라는 인식에서 출발하였기에 핵심적인 점검을 목적으로 하고 있다.

유해·위험요인 파악은 고용노동부「사업장 위험성평가에 관한 지침」 제5조의2에 따른 유해·위험요인을 파악해야 하고 업종, 규모 등 사업장 실정에 따라 하되, 특별한 사정이 없으면, 사업장 순회 점검에 의한 방법, 근로자들의 상시적 제안에 의한 방법, 설문조사·인터뷰 등 청취조사에 의한 방법, 물질안전보건자료 작업환경측정결과 특수건강진단결과 등 안전보건 자료에 의한 방법, 안전보건 체크리스트에 의한 방법, 그 밖에 사업장의 특성에 적합한 방법으로 해야 한다.

일반적으로 유해·위험요인을 파악하는 절차는 다음과 같이 설명할 수 있다.

입고 출고	지게차	1. 지게차 시동키는 분리하였는가 ?
생산 가공	이동식크레인 프레스 및 선반 전단기 인쇄용프린터기	2. 무자격자가 운전하는가 ? 3. 전단기 동력전달부 끼임 위험은 없는가 ? 4. 프레스 오조작에서 협착 위험은 없는가 ?
설비 운용		5. 회전부 끼임 위험은 없는가 ? 6. 프린터기 인터록은 설치되었는가 ?

절차 마련 시 주의사항은 반드시 관리감독자와 현장작업자의 의견수렴을 통해 사업장 전체의 위험요인을 발굴하고 리스트화 하는 것이다. 추락 위험에서는 지붕 작업, 사다리, 고소 작업대 위험요인을 파악하는 것이고, 끼임 사고 위험에서는 방호장치, LOTO(Loct Out, Tag Out)이고, 부딪힘

에서는 혼재 작업, 충돌방지장치 등이다.

이러한 위험요인에서 주요 공정별 내용들이 구분되었는지, 발굴된 유해·위험요인에 대해 적절한 안전보건 조치는 마련되는지, 법적 요건을 충족하는지 등 검토되어야 한다.

위험성 감소대책 수립 및 실행은 고용노동부 사업장 위험성평가에 관한 지침 제11조 제2항에 따라 허용 가능한 위험성이 아니라고 판단한 경우에는 위험성의 수준, 영향을 받는 근로자 수 및 순서를 고려하여 위험성 감소를 위한 대책을 수립하여 실행하여야 한다.

절차 마련 시 위험한 작업의 폐지·변경, 유해·위험 물질 대체 등의 조치 또는 설계나 계획 단계에서 위험성을 제거 또는 저감하는 조치, 연동장치, 환기장치 설치 등의 공학적 대책, 사업장 작업절차서 정비 등의 관리적 대책, 개인용 보호구의 사용, 위험성 감소대책을 실행한 후 해당 공정 또는 작업의 위험성의 수준이 사전에 자체 설정한 허용 가능한 위험성의 수준인지를 확인하고 확인 결과 위험성이 자체 설정한 허용 가능한 위험성 수준으로 내려오지 않을 때는 허용 가능한 위험성 수준이 될 때까지 추가의 감소대책을 수립·실행이 되도록 해야 한다.

위험성평가를 실시한 결과 공유는 근로자에게 게시, 주지 등의 방법으로 알려야 하고 근로자가 종사하는 작업과 관련된 유해·위험요인, 유해·위험요인의 위험성 결정 결과, 유해·위험요인의 위험성 감소대책과 그 실행 계획 및 실행 여부, 위험성 감소대책에 따라 근로자가 준수하거나 주의하여야 할 사항, 위험성평가 결과 중대 재해로 이어질 수 있는 유해·위험요인에 대해서는 작업 전 안전점검 회의(TBM: Tool Box Meeting) 등을 통해 근로자에게 상시적으로 주지시키는 내용이 포함되어야 한다.

위험성평가 대상 목록 및 평가 서식은 다음과 같이 설명되나 사업장 특성에 따라 달리 적용한다.

위험성평가 대상 리스트		
관리 부서	생산1팀	
	설비보수	
작성번호	작업내용	조치사항
1	컨베이어 롤러 교체	전원차단
2	컨베이어 수리 및 정비	전원차단
3	컨베이어 벨트 교체	전원차단

위험성평가 위 평가 대상 목록에서 선정된 작업내용과 그에 따른 특이사항 등을 개략적으로 기재하고 위험성평가 대상 공정을 선정할 때에는 순회 점검, 현장작업자와 면담, 재해조사보고서, 아차사고 사례, 동종업계 사고 사례 등을 참조하여 대상 자료로 선정한다.

위험성평가				
작성 부서	작성자			
	검토자			
작성번호		작업구역	사용공구 및 장비	보호구 및 안전장비
1		생산1동	용접기	용접용 안전모 등
2		생산2동	전기작업	절연모자

위험성평가표										
작성명칭										
연번	위험 유형	작업 단계	현재 안전조치	위험도			개선 대책	개선 완료일	담당자	관련 근거
				빈도	강도	위험도				

　예를 들어 자동차 부품에 가공 공정에서 유해·위험요인 파악 시 프레스 방호장치가 설치되었는가? 라는 위험 유형에서 현재의 안전조치는 적정, 보완, 해당 없음 순으로 기재하고 위험도 크기를 측정한 후 개선대책으로 작업 전 특별교육, 작업 중 안내표지판 설치 등 해당하는 내용을 기재하는 것이다.

　위험성평가표 작성 시 관련 근거 사항으로 산업안전보건 기준에 관한 규칙 제92조 정비 등의 작업 시 운전정지 등을 기재하면 좋을 듯하다.

　위험작업이 많은 기계 기구 업종에서 공정별 작업을 기술하면 다음과 같다.

유해 위험요인	피해를 입는 자	현재 작업단계	현재 안전조치	누가 언제 조치			관련 근거
				담당자	개선 일자	완료 일자	
컨베이어 정비작업	정비 작업자	설비 정지	작업 절차 교육 작업 수리 안내판 게시				규칙 제92조 (정비등의 작업 시 운전정지 등)

예를 들어 간단한 작업의 경우 다음과 같은 서식을 마련하여 위험성평가를 할 수 있다.

위험성평가표			
작성자		확인자	
작업자	일시	부서명	작업장소
	위험요인	예) 전원장치 고장으로 컨베이어 운전정지 하지 않음	
	개선대책 및 의견	예) 즉시 전원장치 수리 후 생산가동	
관리 감독자	개선대책		
	결과확인		
	추가사항		

특히 중대재해처벌법 시행령 제4조 제3호에서 절차 마련 시 사업장의

유해·위험요인 파악은 다음과 같이 위험요인들이 파악되어야 하고 절차 마련 시 반영해야 한다. 사업장의 유해·위험요인은 다음과 같이 설명할 수 있다.

작업 요인	▶ 장시간 근로 ▶ 불안전 상태 ▶ 중량물 작업 ▶ 야간업무 ▶ 작업통로	물적 요인	▶ 기계 설비 충돌 끼임 ▶ 건물 추락, 전도, 붕괴 ▶ 전기 감전, 정전기 ▶ 화학 가스, 반응성 물질 ▶ 생물학 바이러스
	사업장 위험요인		
인적 요인	▶ 미숙련 작업 ▶ 경험부족 ▶ 임시작업 ▶ 질병보유 ▶ 체력저하	환경 요인	▶ 작업장 조도 ▶ 소음기 ▶ 증기, 분진, 미스트 ▶ 유해물질 ▶ 소음, 진동

* 출처: 고용노동부 안전보건관리체계구축 자료 및 김형근 외(2022)
"작업환경과 일자리 변동의 관계" 자료를 재정리함

유해·위험요인의 확인 및 개선이 이루어지는지를 반기 1회 이상 점검한 후 필요한 조치는 위와 같이 파악된 위험요인에 대하여 관리감독자들이 현장에서 실질적인 안전조치를 하여야 한다. 사업장 특성 분석을 통한 안전보건관리체계 구축 시 반영되는 단계는 다음과 같이 설명할 수 있다.

위험요인	제거·대체 통제 방안	사업장 특성 분석	안전보건관리체계 구축
(건설) 추락, 맞음, 부딪힘	안전난간, 울타리, 수직형추락방망, 덮개 설치	(1단계) 본질적, 근원적 대책	• 건설 작업 내용별 절차 마련 (토목, 건설, 터널 작업 등) • 작업내용 변경 시 수시 또는 상시 위험성평가 절차 마련 • 경영책임자 점검 시 산업안전보건법에 따른 안전절차 이행을 위한 인력 및 예산 편성 • 내·외부 객관적인 점검 및 안전조치 이행 • 안전보건 관계 법령에 따른 의무이행 여부 확인 및 의무가 이행되지 않는 사실 확인 시 개선조치
(제조) 협착, 끼임, 절단	덮개·울·슬리브 및 건널다리 등 설치	(2단계) 공학적 대책	
(화학) 폭발, 화재	폭발화재 및 누출 방지를 위한 방호조치	(3단계) 관리적 대책 (4단계) 개인보호구 착용	

* 출처: "건설업 산업재해 예방 모델 효과성 추정에 관한 연구"(2021), "위계적 회귀분석 모형을 활용한 건설업 산업재해 예방에 관한 연구"(2023) 재인용

위 1단계에 해당하는 본질적 근원적 대책의 경우 위험요인에 대해 제거하거나 대체하는 방안들이다. 예를 들어 사다리 작업의 경우 비계 등을 이용하여 안전하게 작업하도록 작업 발판을 마련하는 것이고, 2단계 공학적 대책이란 본질적 근원적 대책이 불가능한 경우 안전난간, 덮개, 추락방호망 등의 설비를 갖추는 것을 말하고, 3단계 관리적 대책은 중량물 작업 또는 인양물 근처에 출입금지, 지게차 운전 시 속도 제한, 작업 전 근로자 안전교육 등이 해당한다.

9) 협력기업 위험성평가

도급인은 오랫동안 위험성 평가를 시행했으나 수급인은 매년 계약에 따라 변경되므로 위험성평가 점검에 참여하되 기계 설비 재료의 특성 작업장 환경 등에 대해 정보가 매우 부족하다. 따라서 기본적으로 설비운영 및 환경에 대한 설명이 필요하고 1차 연도에는 위험성 평가를 도급인이 주도적으로 하되 수급인도 적극적으로 참여하는 방안이 검토된다.

협력기업에 대한 위험성평가 점검표는 다음과 같이 예시로 설명할 수 있다.

수급인 위험성평가에 대한 실행 정도 점검표				
협력사 명칭		시행부서		담당자	
점검사항	주요내용			
계획	기계·기구 작업 공정에 대해 충분히 이해하고 유해 위험요인을 발굴하였는가?			
	협력기업에서는 작업에 참여하는 종사자가 참여하였는가?			
	평가 대상에서 기계·기구 작업공정 모두가 위험성평가 시 반영되었는가?			
실행	위험성평가는 제대로 실시하였고 위험요인을 개선하기 위한 제거, 대체, 통제 순으로 정리되었는가?			
	파악된 위험요인의 강도와 빈도는 제대로 하였는가?			
	허용가능한 범위의 위험인지 개선계획에 그 내용이 반영되었는가?			
확인	위험성평가 결과 조치가 이행되었는가?			
	감소대책 또는 개선대책이 현장에 반영되었는가?			
	확인된 위험요인이 개선되었는지 종사자 모두 공유하였는가?			

개선	위험요인이 지속적으로 개선되는지 조치하였는가?
	개선된 내용은 향후 작업 시 절차서에 반영되었는가?
	개선된 작업방법, 작업순서에 대해 모두 알고 있는가?

* 출처: "건설업 산업재해 예방 모델 효과성 추정에 관한 연구"(2021) 및
고용노동부 중대재해처벌법 해설서를 참조하여 재정리함

10) 위험성평가 시 참고사항

위험성평가는 유해·위험 요소가 잠재된 모든 작업이 대상이 되므로 사업장 특성에 따라 단계별로 시행할 수 있다. 예를 들어 설비가 많은 업종의 경우 준비단계, 시행단계, 확인단계 등 3단계로 나누고 준비단계에서는 관련 부서(원청, 하청 또는 도급인 수급인)에서 위험성평가 서류 작성법을 교육하거나 팀을 구성하거나 평가 대상 등을 검토한다.

시행단계에서는 작업별 유해·위험요인을 파악하고 발굴한 유해·위험요인에 대한 위험의 크기 등을 결정하고 위험작업 내용 개선 실행 계획을 수립한다. 이때 담당 부서는 모든 각 부서 또는 도급사업장 내 참여하는 관련된 기업들이 모두 참여하는 것이다. 마지막으로 확인단계에서는 유해·위험요인에 대한 개선조치를 확인하거나 관련자들과 함께 확인 점검, 평가 결과에 대해 내부 종사자들에게 전파하고 공유하는 것이다. 사업장에서는 그동안 아차사고 사례 및 동종 업종에서의 사고 사례를 검토하여 유해 위험요인에 대한 전체 리스트를 마련하여 참여자들과 공유해야 한다.

외부 점검기관에서 조치를 요구하였던 목록 및 과거 아차사고 사례를 다음과 같이 그 현황을 정리하여 별도 관리하고 차기 위험성평가 시 반영하는 것이 바람직하다.

기계 및 기기 분야	재료 물질 분야	공학적 관리적 (휴먼에러) 분야	전기 분야
회전, 고압, 중력, 중량물, 낙하, 부품 파손, 체인기어, 급가속, 물체 낙하 등	가연성 및 인화성 물질, 폭발, 증기, 폭약, 먼지, 미스트, 산화물, 생물학적 시료 등	반복작업, 고온환경, 습도, 오염, 바람, 화상, 정신적 우울증, 자세 불안정, 힘든 작업, 조명, 디스플레이 장치, 제어장치 식별, 진동, 배기가스, 소음 등	자기현상, 전압 불안정, 과부하, 단전, 단락, 전자 및 정전현상, 열화상 등

* 출처: "건설업 산업재해 예방 모델 효과성 추정에 관한 연구" (2021) 및
필자가 경험한 사고 사례를 재정리함

위 사고 사례를 검토하여 부서별 재해유형을 분류하면 다음과 같이 설명된다.

번호	부서명	내용	재해유형
1	전기부	1호기 컨베이어 전원부 단락으로 인한 스파크 및 전기 단전	열화상
2	생산1부	체인벨트에 손 끼임	끼임
3	생산2부	회전축에 장갑 말림	말림
4	품질1부	지게차 물품 과적으로 전도	압착
5	품질2부	생산된 물품 낙하물체에 맞음	맞음

4. 안전보건관리책임자 등의 충실한 업무수행 지원

관리감독자의 충실한 업무수행 필요성은 다음과 같이 판례에서 알 수 있다. 법원은 "관리감독자는 사업장의 생산과 관련되는 업무와 그 소속 직원을 직접 지휘 감독하는 직위에 있는 사람으로 이들에 대한 평가항목에는 산업안전보건법에 따른 업무수행 및 그 충실도를 반영할 수 있는 내용이 포함되어야 하고, 평가 기준은 이들에 대한 실질적인 평가가 이루어질 수 있도록 구체적 세부적이어야 한다" (춘천지방법원 2024. 8. 8. 선고 2022고단 1445판결) "안전보건관리책임자, 관리감독자, 안전관리자 등으로 하여금 안전 및 보건에 관한 중요성을 인식하지 못하여 공사현장의 전반적인 안전관리 감독이 이루어지지 못하는 상황을 초래하였고 재해 예방에 필요한 안전보건관리체계 구축 및 그 이행에 관한 조치를 취하지 아니하여 종사자가 사망하는 중대산업재해에 이르게 하였고 (제주지방법원 2023. 10. 18. 선고 2023고단146 판결) 관리감독자가 해당 업무를 충실하게 수행하는지 평가하는 기준도 마련하지 않는 등 사업장의 특성을 고려한 안전보건관리체계를 구축하지 아니하여 중대산업재해가 발생하였다"라고 판단하였다. (창원지방법원 2023. 11. 3. 선고 2022고단 1429 판결) 위 판결의 시사점은 유해·위험요인을 발굴 및 확인하고 개선하는 절차의 이행은 관리감독자이고 직접적인 안전·보건조치 주체라고 설명되고 있다. 따라서 관리감독자의 업무 역량 및 수행의 정도가 중대산업재해 예방에 큰 영향을 미치고 있음을 알 수 있다. 제조업에서 관리감독자의 업무 내용은 다음과 같이 설명할 수 있다.

산업안전보건법 제16조	산업안전보건법 시행령 제15조	산업안전보건기준에 관한 규칙
사업장의 생산과 관련된 업무와 소속 직원 직접 지휘감독	기계·기구 또는 설비의 안전·보건 점검 및 이상 유무 등	규칙 제35조 (유해·위험 방지 업무), 제36조, 제37조, 제38조, 제39조, 제40조, 제41조

참고로 산업안전보건법 시행령 제15조(관리감독자 업무)에서 고용부령에서 정하는 사항이란 산업안전보건기준에 관한 규칙 제35조(관리감독자의 유해·위험 방지업무 등) 업무와 산업안전보건기준에 관한 규칙 제35조 제1항【별표 2】에서 정하는 바에 따른 유해·위험을 방지하기 위한 업무, 산업안전보건기준에 관한 규칙 제35조 제2항【별표 3】에서 정하는 바에 따라 점검하고 점검 결과 이상이 발견되면 즉시 수리하거나 그 밖에 필요한 조치 등이 해당한다.

같은 법 규칙 제36조(사용의 제한)에는 안전검사기준에 적합하지 않은 기계·기구·설비 및 방호장치·보호구 등 사용 금지와 제38조(사전 조사 및 작업계획서 작성)【별표 4】에 따라 해당 작업, 작업장의 지형·지반 및 지층 상태 등에 대한 사전 조사 후 작업계획서를 작성하는 것도 관리감독자 업무에 해당한다.

필자가 안전보건관리책임자, 관리감독자 등 평가기준을 마련하는 절차에 앞서 관리감독자의 직무 사항을 상세히 설명하는 이유는 현장에서의 직접적인 안전·보건 조치를 이행해야 하고 이행하지 아니한 경우 산업재해가 발생할 수도 있기 때문이다.

중대재해처벌법 시행령 제4조 제5호에서 경영책임자의 의무이행은 안전보건관리책임자 등에게 해당 업무수행에 필요한 권한과 예산을 주도록 절차를 마련하는 것이고 안전보건관리책임자 등이 해당 업무를 충실하게 수행하는지를 평가하는 기준을 마련하고, 그 기준에 따라 반기 1회 이상 평가·관리하는 절차이다.

가. 권한과 예산을 줄 것

권한과 예산을 부여하는 절차 마련은 안전보건관리책임자 등에게 업무를 수행하도록 적절한 권한을 주는 것이다. 권한을 부여하는 경우 다음과 같이 설명할 수 있다.

《업무수행에 필요한 권한과 예산 부여 절차》

제1조 (목적)
- 이 절차는 ㈜○○○의 지역 소장에게 조직을 효과적으로 운영하고 역할과 책임을 다하도록 규정함을 목적으로 한다.

제2조 (적용범위)
- 안전보건관리책임자 등이 안전보건 경영 관련 활동을 수행하도록 책임과 권한 부여는 세부 별도의 운영규정을 둘 수 있으며 그 운영규정에 따른 행사를 한다.

제3조 (직무권한)
- 사업장 특성에 따라 직무권한은 다양하게 둘 수 있으나 예를 들어 설

명하면 다음과 같다.

분류		직무내용
경영책임자		• 안전보건 목표 경영방침 설정, 안전보건 의무이행 • 안전 · 보건 관계 법령에 따른 의무이행에 필요한 관리상의 조치
본사	안전보건 1부	• 물류 사업 분야 안전보건 총괄관리
	안전보건 2부	• 제조 생산 분야 안전보건 총괄관리
○○ 지사	안전보건 관리책임자	• 지사 업무총괄 • 안전보건 예산지출 • 전문기관 안전업무 위탁 점검 • 반기 1회 점검 후 경영책임자에게 보고
	관리감독자	• 산업안전보건법에 정하는 사항 이행 • 각 부서 생산팀 관리감독 • 위험성평가
	안전관리자	• 안전보건관리책임자를 보좌하고 관리감독자에게 지도 · 조언 • 위험성평가

제4조 (업무절차)

- 경영책임자는 안전보건 목표를 설정하고 이를 달성하는 데 필요한 조치를 한다.

- 각 부서는 안전보건에 관하여 계획을 수립하고 필요한 조치를 이행하는지 확인한다.

- 각 주관부서는 교육 훈련에 필요한 사항에 대해 실시하고 근로자를 대상으로 개선사항 등 의견을 수렴한다.

- 지사는 직무의 권한을 충실히 이행하고 관리감독자는 충실히 업무를 수행한다.
- 직무권한 (위임전결) 업무분장표, 조직도, 지사 안전보건 업무조직 등 사업의 변동에 따라 개정 관리한다.

나. 평가기준

중대재해처벌법 시행령 제4조 제5호는 안전보건관리책임자 등이 해당 업무를 충실하게 수행하는지를 평가하는 기준을 마련하고, 그 기준에 따라 반기 1회 이상 평가·관리하는 것이다. 평가기준을 마련하는 취지는 법원 판례에서 알 수 있다.

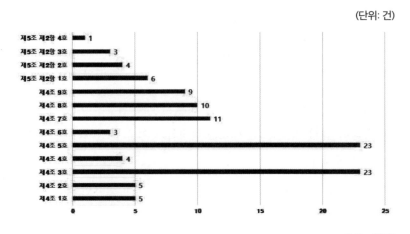

주) 중대재해처벌법 시행령 제4조 위반 판결(법원 1심 판결)
통계 분석 (2022년~2024년)

(단위: 건)

* 출처: 대법원

중대재해처벌법 위반 판례를 살펴보면 시행령 제4조 제3호 및 제5호에서 많은 위반으로 나타나 이러한 결과는 현장에서 산업안전보건법을 충실히 이행하지 아니한 결과 중대재해가 발생한 것으로 보고 있다. (인천지방법원 2023. 6. 23. 선고 2023고단651 판결, 서울북부지방법원 2023. 10. 12. 선고 2023고단2537 판결, 의정부지방법원 고양지원 2023. 4. 6. 선고 2022고단3255 판결)

법원은 "유해·위험요인을 확인·개선하는데 안전보건 절차서가 형식적으로 마련되었고 사업장 특성을 마련하지 않아 일반적인 절차서만 나열하였다. 경영책임자가 반기 1회 이상 점검 및 필요한 조처를 하지 아니하였고, 안전보건관리책임자 등의 충실한 업무수행을 위한 조치를 하지 않았고 권한과 예산, 평가 기준, 경영책임자가 반기 1회 이상 평가하거나 관리하지 아니한 결과 산업안전보건법에서 규정하는 안전·보건 조치가 불가능하다"라고 판결하였다. (의정부지방법원 고양지원 2023. 4. 6. 선고 2022고단3255 판결, 대구지방법원 서부지원 2023. 11. 9. 선고 2023고단1746 판결, 부산지방법원 2023. 12. 21. 선고 2023고단1616 판결)

현장에서 안전조치가 되지 않아 사고가 발생한 것에 대해 법원은 "안전보건관리책임자, 관리감독자가 해당 업무를 충실하게 수행하는지를 평가하는 기준을 마련하지 아니한 결과, 추락사망사고 등 산업재해가 발생하는 것을 방지하기 위한 사전 및 현장 관리·감독 및 안전조치 업무를 각 제대로 이행하지 않도록 하고 현장에서 근로자가 추락하는 위험을 예방하기 위한 추락방호망 설치 등의 개선방안이 수립 시행되지 않도록 하였다"라고 판결하였다. (창원지방법원 통영지원 2024. 8. 21. 선고 2023고단95, 2023고단 1448병합 판결)

안전보건관리책임자 등 평가기준 절차는 다음과 같이 설명된다.

《안전보건관리책임자 등 평가기준 절차》

제1조 (목적)
- 안전보건관리책임자, 안전보건총괄책임자. 관리감독자가 각 지사별 또는 각 사업장에서 해당 업무를 충실하게 수행하는지를 평가 및 관리함으로써 사업장의 안전보건 조치의 실효성을 높이고 안전보건에 최선을 다한다.

제2조 (평가시기)
- 반기 1회 이상 실시한다.

제3조 (평가결과 조치)
- 안전보건관리책임자, 안전보건총괄책임자. 관리감독자는 제반 업무를 충실하게 수행하고 후속 업무지시를 한다.
- 평가 결과된 사항은 인사 등에 반영한다.

제4조 (안전보건관리책임자 및 안전보건총괄책임자 업무수행 평가)
① 안전보건관리책임자
▶ 사업장의 산업재해 예방계획의 수립에 관한 사항
▶ 안전보건관리규정의 작성 및 변경에 관한 사항
▶ 안전보건교육에 관한 사항

▶ 작업환경측정 등 작업환경의 점검 및 개선에 관한 사항

▶ 근로자의 건강진단 등 건강관리에 관한 사항

▶ 산업재해의 원인조사 및 재발 방지대책 수립에 관한 사항

▶ 산업재해에 관한 통계의 기록 및 유지에 관한 사항

▶ 안전장치 및 보호구 구입 시 적격품 여부 확인에 관한 사항

▶ 그 밖에 근로자의 유해·위험 방지조치에 관한 사항으로서 고용노동 부령으로 정하는 사항

② 안전보건총괄책임자

▶ 도급인의 안전조치 및 보건조치

▶ 도급에 따른 산업재해 예방조치

▶ 도급인과 수급인을 구성원으로 하는 안전 및 보건에 관한 협의체의 구성 및 운영

▶ 작업장 순회점검

▶ 안전보건 교육을 위한 장소 및 자료의 제공 등 지원

▶ 안전보건 교육의 실시확인

▶ 작업장소에서 발파작업을 하는 경우

▶ 위생시설 등 고용노동부령으로 정하는 시설의 설치 등을 위하여 필요한 장소의 제공 또는 도급인이 설치한 위생시설 이용의 협조

▶ 같은 장소에서 이루어지는 도급인과 관계 수급인 등의 작업에 있어서 관계 수급인 등의 작업시기·내용, 안전조치 및 보건조치 등의 확인

▶ 관계 수급인 등의 작업 혼재로 인하여 화재·폭발 등 대통령령으로 정하는 위험이 발생할 우려가 있는 경우 관계 수급인 등의 작업시

기·내용 등의 조정

▶ 도급인의 안전 및 보건에 관한 정보제공

▶ 도급인의 관계 수급인에 대한 시정조치

③ 관리감독자

▶ 관리감독자가 지휘·감독하는 작업(이하 이 조에서 "해당작업"이라 한다)과 관련된 기계·기구 또는 설비의 안전·보건 점검 및 이상 유무의 확인

▶ 관리감독자에게 소속된 근로자의 작업복·보호구 및 방호장치의 점검과 그 착용·사용에 관한 교육·지도

▶ 해당 작업에서 발생한 산업재해에 관한 보고 및 이에 대한 응급조치

▶ 해당 작업의 작업장 정리·정돈 및 통로 확보에 관한 확인·감독

▶ 위험성평가에 관한 업무

▶ 그 밖에 해당 작업의 안전 및 보건에 관한 사항

제5조 (안전교육 실시)

- 평가결과 낮은 점수에 대한 단기 교육을 실시한다.

- 평가점수는 별도 내부 규정으로 정하여 운영한다.

제6조 (평가방법)

- 내부 및 외부에서 객관적으로 평가한다.

- 외부 평가는 별도 규정으로 정하여 운영한다.

5. 종사자 의견 청취 절차 마련

중대재해 처벌 등에 관한 법률 시행령 제4조 제7호는 사업 또는 사업장의 안전·보건에 관한 사항에 대해 종사자의 의견을 듣는 절차를 마련하고, 그 절차에 따라 의견을 들어 재해 예방에 필요하다고 인정할 때는 그에 대한 개선 방안을 마련하여 이행하는지를 반기 1회 이상 점검한 후 필요한 조치를 하도록 규정하고 있다.

「산업안전보건법」 제24조에 따른 산업안전보건위원회 및 같은 법 제64조 및 제75조에 따른 안전 및 보건에 관한 협의체에서 사업 또는 사업장의 안전·보건에 관하여 논의하거나 심의·의결한 경우에 해당 종사자의 의견을 들은 것으로 본다고 규정하고 있다.

중대재해처벌법에서 종사자 의견 청취 절차는 다음과 같이 설명된다.

안전·보건 절차 마련	의견 청취	개선 방안	점검 및 조치
안전·보건에 관한 종사자들 의견 청취하는 절차 마련	사업 또는 사업장 내 종사자 의견 청취	의견 청취 결과 개선에 필요한 개선 방안 마련	경영책임자가 반기 1회 이상 이행상황 점검 및 필요한 조치

위와 같은 절차로 종사자들의 의견을 청취하는 이유는 작업별 위험에 대해 가장 잘 알고 있는 현장 직원의 참여가 필요하기 때문이다.

안전·보건에 관한 사항에 대해 종사자의 의견을 듣는 절차는 안전보건협의체, 노사협의체, 산업안전보건위원회 등이고 다음과 같이 설명된다.

구분	안전보건협의체	노사협의체	산업안전보건위원회
대상	도급인의 사업장에서 작업하는 관계수급인	공사금액 120억 원, 토목공사 150억 원 이상 건설업	산업안전보건위원회를 구성, 사업의 종류 및 상시근로자 수는 【별표 9】 참조
내용	도급인과 관계수급인이 안전보건에 관한 중요사항 협의	산업 안전·보건에 관한 중요사항 심의 의결	
구성	도급인 및 그의 수급인 전원으로 구성	• 근로자위원 - 근로자대표 - 명예산업안전감독관 1명 - 관계수급인 각 근로자대표 • 사용자 위원 - 대표자 - 안전관리자, 보건관리자 - 관계수급인 각 대표자	1. 근로자 대표 2. 명예산업안전감독관 3. 사업장의 근로자
주기	매월	2개월	3개월
근거	산업안전보건법 제64조 제1항	산업안전보건법 제75조 제1항	산업안전보건법 제24조 제1항

* 출처: 산업안전보건법에서 관련 내용을 재정리함

일반적인 의견청취 절차는 안전톡 운영, 산업안전보건운영위원회 운영 등 할 수 있다. 예를 들어 산업안전보건위원회를 구성 운영할 경우 다음과 같이 설명할 수 있다.

안건번호	내용	협의결과	처리기한	주관부서	처리일자

산업안전보건위원회에 제출된 안건 및 처리사항은 기록으로 정리하여 조치계획 및 실적을 확인하여 부서 등 평가 시 반영한다.

안건번호	내용	조치계획 및 추진실적	처리기한	조치결과 (처리일자)	주관부서 (담당자)

《산업안전보건위원회 운영절차》

제1장 총칙

제1조 (목적)

- 본 기준은 ㈜○○○ 회사의 안전보건을 효율적으로 운영하기 위해 필요한 사항을 정함을 목적으로 한다.

제2조 (운영)

- 산업안전보건위원회 운영절차는 산업안전보건법 제24조에 따르되 각 지사의 운영에 적용한다.

제2장 위원회 설치 및 구성

제3조 (구성)

- 근로자대표
- 명예산업안전감독관이 위촉되어 있는 사업장의 경우 근로자대표가
  지명하는 1명 이상의 명예산업안전감독관
- 근로자대표가 지명하는 9명(근로자인 제2호의 위원이 있는 경우에는
  9명에서 그 위원의 수를 제외한 수를 말한다) 이내의 해당 사업장의
  근로자
- 사용자 위원은 해당 사업의 대표자, 안전관리자 1명, 보건관리자 1명,
  산업보건의, 해당 사업의 대표자가 지명하는 9명 이내의 해당 사업장
  의 부서의 장

제4조 (위원장)
- 산업안전보건위원회의 위원장은 위원 중에서 호선(互選)한다. 이 경
  우 근로자위원과 사용자 위원 중 각 1명을 공동위원장으로 선출할 수
  있다.

제5조 (산업안전보건위원회 회의)
- 산업안전보건위원회의 회의는 정기회의와 임시회의로 구분하되 정기
  회의는 분기마다 산업안전보건위원회의 위원장이 소집하며 임시회의
  는 위원장이 필요하다고 인정할 때 소집한다.
- 회의는 근로자위원 및 사용자 위원 각 과반수의 출석으로 개의하고
  출석위원 과반수의 찬성으로 의결한다.
- 근로자대표, 명예산업안전감독관, 해당 사업의 대표자, 안전관리자 또
  는 보건관리자는 회의에 출석할 수 없는 경우에는 해당 사업에 종사

하는 사람 중에서 1명을 지정하여 위원으로서의 직무를 대리하게 할
수 있다.
- 산업안전보건위원회는 개최 일시 및 장소, 출석위원, 심의 내용 및 의
  결·결정 사항, 그 밖의 토의사항 등 내용을 기록한 회의록을 작성하
  여 갖추어 둔다.

제6조 (심의 의결사항)
- 사업장의 산업재해 예방계획의 수립에 관한 사항
- 안전보건관리규정의 작성 및 변경에 관한 사항
- 안전보건교육에 관한 사항
- 근로자의 건강진단 등 건강관리에 관한 사항
- 사업장의 산업재해 예방계획의 수립에 관한 사항
- 안전보건관리규정의 작성 및 변경에 관한 사항
- 안전보건교육에 관한 사항
- 작업환경측정 등 작업환경의 점검 및 개선에 관한 사항
- 근로자의 건강진단 등 건강관리에 관한 사항
- 산업재해의 원인조사 및 재발 방지대책 수립에 관한 사항
- 산업재해에 관한 통계의 기록 및 유지에 관한 사항
- 안전장치 및 보호구 구입 시 적격품 여부 확인에 관한 사항
- 그 밖에 근로자의 유해·위험 방지조치에 관한 사항으로서 고용노동
  부령으로 정하는 사항
- 유해하거나 위험한 기계·기구·설비를 도입한 경우 안전 및 보건 관
  련 조치에 관한 사항

- 그 밖에 해당 사업장 근로자의 안전 및 보건을 유지·증진시키기 위하여 필요한 사항

제7조 (의결되지 않은 사항 등의 처리)
- 산업안전보건위원회에서 의결하지 못한 경우, 산업안전보건위원회에서 의결된 사항의 해석 또는 이행 방법 등에 관하여 의견이 일치하지 않는 경우는 근로자위원과 사용자 위원의 합의에 따라 산업안전보건위원회에 중재 기구를 두어 해결하거나 제3자에 의한 중재를 받아야 한다.
- 중재 결정이 있는 경우에는 산업안전보건위원회의 의결을 거친 것으로 보며, 사업주와 근로자는 그 결정에 따라야 한다.

제8조 (회의결과 통지)
- 산업안전보건위원회의 위원장은 산업안전보건위원회에서 심의·의결된 내용 등 회의 결과와 중재 결정된 내용 등을 사내방송이나 사내보, 게시 또는 자체 정례조회, 그 밖의 적절한 방법으로 근로자에게 신속히 알려야 한다.

부칙
제1조 (시행일)
- 본 규정은 2025. 5. 1.부터 시행한다.

6. 중대산업재해 발생 시 등 조치 매뉴얼 마련

중대재해처벌법 시행령 제4조 제8호는 사업 또는 사업장에 중대산업재해가 발생하거나 발생할 급박한 위험이 있을 경우를 대비하여 매뉴얼을 마련한 것으로 중대재해 발생에 대처할 수 있는 비상 조치계획을 수립하고 준비함으로써 피해를 최소화하는 데 목적이 있다.

급박한 위험 있을 경우를 대비한 매뉴얼은 산업안전보건법 제54조에 따라 중대재해가 발생하였을 때는 즉시 해당 작업을 중지시키고 근로자를 작업장소에서 대피시키는 등 안전 및 보건에 관하여 필요한 조치를 하는 데 근거를 두고 있다.

판례는 건설업에 있어서 "개구부를 통해 중량물을 인양함에 있어 안전난간을 해체하여 작업이 이루어짐에도 안전대가 지급되지 않았을 뿐만 아니라 안전대를 연결할 수 있는 부착설비가 전혀 설치되지 않아 언제든지 추락에 의한 중대산업재해가 발생할 수 있는 급박한 위험이 있음에도 안전보건관리책임자 등으로 하여금 작업을 중지하거나 그 즉시 그 추락 위험을 제거하도록 하지 못하였다."라고 판결하였다. (의정부지방법원 고양지원 2023. 4. 6. 선고 2022고단3254 판결)

제조업에서는 "회전축 방호장치가 약 1달 전 해체되어 회전축이 외부로 노출된 상태로 있어 언제든지 협착에 의한 중대산업재해가 발생할 수 있는 급박한 위험이 있음에도 작업중지, 위험요인 제거 등 대응조치에 관한 매뉴얼을 제대로 마련하지 아니하였다."(대구지방법원 2024. 1. 16. 선고 2023고단3905 판결)라고 판결한바 급박한 위험은 특정한 위험을 말한 것은 아닌 것으로 판단해 볼 수 있다.

따라서 높이 2m 이상 장소에서 안전난간이 없어서 추락위험이 있는 경우, 비계 등 가시설물 설치가 부적합한 경우, 토사, 구축물 등의 변형 등으로 붕괴사고의 우려가 있는 경우, 물질 취급장소에서 화기 작업을 시행하여 화재·폭발의 위험이 있는 경우, 유해·위험 화학물질 취급 설비의 고장, 변형으로 화학물질의 누출 위험이 있는 경우, 밀폐공간 작업에서 산소농도 측정을 하지 않은 경우 등을 급박한 위험으로 볼 수 있다. 급박한 위험이 있을 경우 대비한 매뉴얼은 사업장의 특성에 따라 달리 구성할 수 있으나 일반적으로 운영 절차를 마련한다면 다음과 같다.

《비상조치 계획 운영절차》

1. (목적)
- 본 절차는 ㈜○○○의 안전보건을 위해 급박한 위험이 발생할 수 있는 사건이나 비상시를 대비하여 운영절차를 규정함으로 사고 발생 시 피해를 최소화함을 목적으로 한다.

2. (적용)
- 사업장의 근로자 및 관계 종사자에게 영향을 미치는 경우 재난대비 및 대응체계를 적용한다.

3. (운영부서)
- 주관 부서는 사업장 내 화재, 폭발 등 위험 상황 발생 시 안전보건에 미치는 영향을 감소하기 위해 연간 계획을 수립 운영한다.

- 협력부서는 주관부서에서 시행하는 비상대비 훈련에 적극 참여한다.
- 비상대비 훈련은 1년 1회 실시하며 비상훈련 참여자에게 대피로, 비상구, 비상등, 화재경보기 및 소화기 등 점검하고 훈련에 참여한다.

4. (업무절차)
- 1단계 준비단계: 회사 내 모든 부서는 급박한 위험을 대비한 절차 및 규정을 숙지하고 사고 재발 가능성을 사전 조사하고 2차 화재 등 폭발 위험이 있는지 점검한다.
- 2단계 훈련단계: 주관부서는 비상시 대비하여 대응절차에 따라 1년 1회 이상 정기적으로 비상 훈련을 하고 그 결과를 참여자에게 공유하며 기록 보존한다. 수급인 등 사내 모든 사업장은 비상훈련에 참여하고 정기적인 훈련은 관할 소방 또는 기관에서 참가하도록 안내하여 실질적인 훈련이 되도록 한다.

급박한 위험이 있는 경우를 대비한 비상 대피 훈련 시행 및 내용은 다음과 같다.

비상 대피 훈련					
작성자			확인자		
훈련 명칭		훈련일시		장소	주요내용
부서	공정	설비명	유해·위험물질	비상상황	재해유형

제조업에서 가장 많이 발생하는 끼임, 협착 사고를 대비한 위험요인 제거 대응조치 및 추가 피해의 방지를 위한 조치는 다음과 같이 설명된다.

단계별	주요상황		조치방안	업무담당
초기	사고발생	컨베이어 벨트 작업 중 끼임사고 발생	긴급 구호 실시	관리감독자
	작업중지	급박한 위험이 발생하는 경우 작업중지권 부여	기계작동 중지	작업자 등
	상황전파	부서장 및 관리감독자 주변 작업자 상황전파	휴대폰 등 발생장소 환자 상태 신속 연락	작업자 등
	119 응급조치	119 신고, 재해자 응급조치	비상 구급함 활용 응급조치	작업자 등
	재해이송	병원이송	사고 사례전파 원인 파악 시까지 작업중지	관리감독자 부서장
대응	사고현장 조치	사고설비 추가 피해 방지 조치	장비 가동중지 추가 피해 방지를 위한 안전조치	생산팀장
복구	추가복구	복구작업	안전장비 점검, 소손된 시설 복구	생산팀장
	유관기관 통보	• 유관기관 조사 • 재해방지 대책수립	재해원인 파악 및 재해방지대책 수립	관리감독자 생산팀장

급박한 위험이 발생할 경우 모든 현장에 잠재된 위험상황을 즉시 인지할 경우 모든 근로자는 도급인 및 수급인에게 작업중지를 요청할 수 있도록 조치하고 현장근로자들은 즉시 안전한 장소로 대피해야 한다. 작업중지 요청 절차 예시는 다음과 같다.

《작업중지 요청 절차》

1. (목적)
- 본 절차는 ㈜○○○의 작업중지 요청 업무 지침이다. 현장의 모든 근로자가 위험 상황을 확인하거나 급박한 상황이 발생하는 경우 작업을 중지하는 것으로 위험요인 제거를 통한 안전한 작업환경을 조성한다.

2. (적용범위)
- 작업중지 요청 업무 지침은 ㈜○○○ 및 사내 협력사 모두에게 해당하며 모든 설비 업무수행 시 발생하는 경우 적용한다.

3. (운영방법)
- 본 가이드를 운영하는 데 요청자에게 불이익을 주지 않는다.
- 작업중지 요청 홍보 및 활성화를 위해 우수사례를 발굴하고 포상한다.
- 작업중지 요청 업무 지침 활성화를 위해 모든 근로자가 활용할 수 있도록 교육한다.

4. (관리책임)

- 공장장은 해당 가이드의 활용에 대해 전반적으로 관리책임이 있다.

- 관리감독자는 감독하는 생산라인 외 타 설비에 대해서도 가이드를 활용하도록 근로자에게 교육을 실시하는 책임이 있다.

- 안전관리자 및 안전보건관리담당자는 작업중지 요청신청서를 통해 접수된 내용을 교육자료로 활용하도록 보존한다.

5. (보고 및 기록관리)

- 안전관리자는 작업중지 요청 건에 대해 즉시 공장장에게 보고하고 작업중지 우수사례를 게시판에 홍보한다. 아차사고 등 사례는 기록관리하고 보존하여 향후 위험성평가 시 반영한다. 위험작업 일시중지에 대한 관리대장은 다음과 같다.

위험작업 일시중지 관리대장								
연번	일자	신고자	장소	위험 요인	조치 내용	작업중지 일자	가동 일자	확인자

　사업장에서 중대산업재해가 발생하거나 급박한 위험이 있을 경우 실시하는 작업중지 요청 운영 흐름은 다음과 같다.

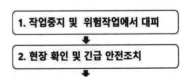

1. 작업중지 및 위험작업에서 대피
2. 현장 확인 및 긴급 안전조치

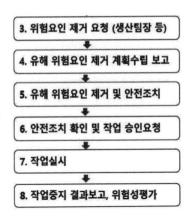

3. 위험요인 제거 요청 (생산팀장 등)

4. 유해 위험요인 제거 계획수립 보고

5. 유해 위험요인 제거 및 안전조치

6. 안전조치 확인 및 작업 승인요청

7. 작업실시

8. 작업중지 결과보고, 위험성평가

㈜○○○의 비상연락망 체계도 예시는 다음과 같다.

㈜○○○ 비상연락망		
대표이사 ☎ 02-0000-0000		

고용노동부 ☎ 02-	공장장 ☎ 02-	안전팀 ☎ 02-
		생산1 ☎ 02-
경찰서 ☎ 02-	안전관리자 ☎ 02-	생산2 ☎ 02-
		품질1 ☎ 02-
시청 ☎ 02-	관리감독자 ☎ 02-	전기 ☎ 02-
		물류1 ☎ 02-
가스공사 ☎ 042-	재해 발생 신고자 ☎ 02-	

아차사고 발생 시 조사 보고 서식은 다음과 같으며 사업장에서 적절히 수정하여 운영할 수 있으나 중대(산업)재해 발생보고 서식은 별지 제8호, 제9호 서식을 활용하여 고용노동부에 보고를 해야 한다.

□ 사고개요
• 일 시: 년 월 일 시간
• 장 소:
• 재해정도: (사망, 부상 등)
• 인적사항
  - 주소
  - 성명
□ 사고경위

□ 조치사항

□ 전망 및 대책

□ 기타 (언론동향 등)

[별지 제8호서식]

중대(산업)재해 발생보고(제조업 등)

문서번호: 20 . . .

수   신:

발   신:

1. 사업장 개요(현장)

구분	사업장명	대표자	근로자수	업종	소재지
도급인					
수급인					

2. 사업 또는 사업장 개요(본사)

구분	업체명	대표자	근로자수	업종	소재지
도급인					
수급인					
중대재해처벌법에 따른 중대산업재해 해당 여부		□해당 □미해당			

※ 사업 또는 사업장의 근로자수는 기업 전체의 상시근로자수를 기재

3. 재해자 인적사항

성 명		주민등록번호		
소 속		직 종		
입사일자		동종경력	년 월	
재해정도	□사망(명) □부상(명)	치료예상기간		

4. 재해발생 내용 및 조치현황

일 시			
장 소		발생형태	
기 인 물		행정조치	

○ 사고경위

○ 조치 및 전망

○ 조사반 편성방법

○ 기타 중요한 사항(재해 인지 경위 등)

[별지 제9호서식]

중대재해 발생보고(건설업)

문서번호: 20 . . .

수　　신:

발　　신:

1. 공사현장 및 사업 또는 사업장 개요

공사 현장	현 장 명		공사기간	
	현장소재지		공 정 률	
	산재관리번호 (산재개시번호)		기술지도 관계	
	발주처		방지계획서 관계	
도급인 사업 또는 사업장	업 체 명 (본사 소재지)		수급인 사업 또는 사업장	업 체 명 (본사 소재지)	
	대 표 자			대 표 자	
	공사금액			공사금액	
	근로자수			근로자수	
	공사종류			공사종류	
중대재해처벌법에 따른 중대산업재해 해당 여부			□ 해당　□ 미해당		

※ 사업 또는 사업장의 근로자수는 기업 전체의 상시근로자수를 기재, 공사종류는
형틀공사, 굴착공사, 콘크리트 타설공사, 토공사, 전기공사 등 재해발생 공사 종류를 기재

2. 재해자 인적사항

성 명			주민등록번호		
소 속			직 종		
입사일자			동종경력		년 월
재해정도	□사망(명) □부상(명)		치료예상기간		

3. 재해발생 내용 및 조치현황

일 시			
장 소		발생형태	
기 인 물		행정조치	

ㅇ 사고경위

ㅇ 조치 및 전망

ㅇ 조사반 편성방법

ㅇ 기타 중요한 사항(재해 인지 경위 등)

7. 도급·용역·위탁 시 평가 기준·절차

중대재해처벌법 시행령 제4조 제9호는 제3자에게 업무의 도급, 용역, 위탁 등을 할 때에는 종사자의 안전·보건을 확보하기 위해 기준과 절차를 마련하고, 그 기준과 절차에 따라 도급, 용역, 위탁 등이 이루어지는지를 반기 1회 이상 점검하는 의무가 있다.

3자에게 업무의 도급 등을 하는 경우 종사자의 안전·보건의 확보라는 의미는 도급받는 자의 산업재해 예방을 위한 조치 능력이 있는지 그 여부를 확인하는 것으로(의정부지방법원 고양지원 2023. 10. 6. 선고 2023고단3255 판결) 결국 안전조치를 할 수 없을 정도의 수급인이 선정되어서는 안 된다는 것이다.

법원은 "3자에게 업무의 도급 관련하여 법원은 관리 비용에 관한 기준을 세운 상태에서 공사를 진행해야 하는데 안전 관리 비용을 고려하지 않고 계약을 이행한 업체에게 책임이 있다"라고 판결하였다. (창원지방법원 통영지원 2024. 8. 21. 선고 2023고단95, 1448(병합) 판결)

《도급, 용역, 위탁 시 절차》

1. 제1조 (목적)
- 본 절차는 ㈜○○○ 도급·용역·위탁 시 절차로서 도급인 사업장에서 안전한 작업환경을 조성함을 목적으로 한다.

2. 제2조 (적용범위)

- 이 절차는 ㈜○○○ 지사 및 시공 현장에 적용한다.

3. 제3조 (주관부서)

- 도급·용역·위탁 시 수급사(협력사)의 안전보건을 위하여 산업재해 예방능력 평가기준을 마련한다.
- 평가기준 마련은 안전보건관리체제, 실행수준, 운영관리, 재해발생 수준 등 평가표에 의해 배점을 마련하고 득점 최고 순위에서 계약을 진행한다.

4. 제4조 (계약 및 도급관리 절차)

- 도급·용역·위탁 수요 부서는 대상작업 선정하여 본사 안전부서와 협의한다.
- 도급업무 담당 부서는 입찰 제안서 안전보건 수준평가 기준을 제시한다.
- 도급업무 담당 부서는 작업에 따른 유해·위험 요인에 대한 정보를 계약 전에 수급사에게 알린다.
- 안전보건 책임자는 주기적으로 순회 점검하고 화기작업, 추락작업, 감전작업 등 파악하여 작업허가서를 발행한다.
- 수급업체 평가 및 선정, 관리비용, 공사기간 등의 적정성에 대하여 반기 1회 이상 주기적으로 점검을 실시한다.
- 도급 부서장은 입찰시 평가 기준을 제시하고 수급업체에 대해 평가 및 선정하고 안전작업허가서를 발행한다.
- 수급업체(관계수급인 포함)는 안전보건수칙 및 작업절차를 준수하여

작업을 실시하고 협의체 회의를 참여한다.

- 수급업체(관계수급인 포함)는 안전보건에 관한 의견을 전달할 수 있도록 협의체를 구성, 운영에 참여해야 하고 안전제안 제도를 운영할 수 있다.

도급, 용역, 위탁 시 안전관리 수준평가표(단순공정 및 일시 단가계약, 복합계약 및 장기간 유지보수 계약)는 다음과 같이 설명할 수 있고 사업장 특성에 맞도록 달리 구성하여 운영할 수 있다.

연번	평가항목	배점
1	경영책임자 안전보건 관심도	
2	안전보건관리계획서 운영 여부	
3	안전보건관리체계 구축 (매뉴얼)	
4	산업안전보건관리비 명세	
5	안전작업절차서 실행성 정도	
6	협의체 구성 운영실태	
7	안전교육 강사 및 실시 내역	
8	비상연락체계 비상대비 계획	
합계		

평가항목	평가기준	배점
1. 안전보건관리체계 구축 (25점)		
- 안전보건 경영시스템	안전·보건경영	
- 안전보건관리체계	중대재해처벌법 시행령 4조 및 5조	

2. 운영관리 (25점)		
- 작업 공정별 안전매뉴얼 (운영계획)	주요작업 안전대책	
- 작업 시 신호체계 (신호수, 유도원, 작업지휘자)	작업 시 신호방법	
3. 실행 수준 (25점)		
- 안전 · 보건 관리 조직	업무분장, 조직구성	
- 안전 · 보건 교육	교육계획 수립 운영	
- 위험성 평가 (정기, 수시, 상시)	실행능력 가능여부	
- 안전 보건 예산 집행 정도	자원의 적정성	
4. 재해발생 수준 (25점)		
- 최근 5년간 산업재해발생 정도	사고 발생 건수	
합계		

　　도급, 용역, 위탁 시 안전관리 수준 평가는 중대재해처벌법 시행령 제4조 및 제5조의 항목이 모두 포함되어 안전보건 수준 역량을 계약 이전에 확인하는 것이나 안전보건 수준평가표에 기본적으로 포함되는 항목은 다음과 같이 설명할 수 있다.

평가항목	배점
경영방침, 안전보건 관심도	
종사자 의견 수렴 절차	
유해 · 위험요인 확인하고 개선하는 절차 마련	
급박한 위험대비 매뉴얼	

안전보건 자원배분 및 인력운영	
시설 장비의 위험성 관리방안	
도급·용역·위탁 계약 업무실적	
비상대응 계획, 비상 발생 시 연락	
산업안전보건관리비 사용 실태	
현장 안전관리 활동	
유해·위험기계 기구 관리실태	
안전작업절차서 작성 및 운영상태	
안전교육 실시에 관한 사항	
재발 방지 대책 수립 시행	
산업재해 발생 정도	
합계	

수급업체에게 발행하는 작업허가서는 산업안전보건기준에 관한 규칙에서 관리감독자의 유해·위험 방지, 사전조사 및 작업계획, 작업시작 전점검사항 등이 포함된 내용으로 구성하되 고소 작업허가서, 굴착작업허가서, 위험작업허가서, 전기작업허가서 등 현장 상황 여건에 맞도록 구성운영해야 한다.

특히, 위험작업허가서는 일반적으로 가스 농도측정, 압력방출 확인, 위험물질 방출 및 처리, 환기, 조명, 소화기 설치, 출입금지, 작업표지판 설치, 특별안전교육 실시여부, 작업지휘자 배치여부, 위험성평가 실시여부, 2인 1조 작업 등 안전조치 항목을 추가하여야 한다.

《협력기업 안전관리 절차》

1. 제1조 (목적)

- 본 절차는 ㈜○○○의 협력사에 대한 안전관리 절차이다. 도급한 사업에서 안전관리 기준을 명확하게 하고 수급인 및 관계수급인의 인명사고를 예방하는 데 목적이 있다.

2. 제2조 (적용 범위)

- 본 절차서는 도급인 내 협력사 및 관계수급인(사업장 내 작업을 하기 위해 출입하는 특수고용자 및 개인사업자인 화물차주 포함)을 포함한다.

3. 제3조 (구성)

- 협력기업 안전관리 절차는 일반적으로 도급 계약 시에 시행하는 안전보건 계약서류를 확인하며 다음과 같은 내용을 제출받고 심사 등을 확인한다.
- 공사도급 용역계약서 적정성 검토, 협의체 운영, 안전관리 정도의 수준평가, 작업중지 제도, 혼재 작업 시 대책, 유해 위험방지 계획, 안전관리계획 검토 등이다.

4. 제4조 (안전관리절차)

- 수급인 안전관리 역량에 따라 계약하되 적격 대상자 선정의 평가 주체는 ○○○○에서 시행한다.
- 평가기준은 안전관리 계약 조건에 따른다.

- 평가방법은 도급인이 정한 안전관리계획서 및 수급인이 제출한 자료를 검토하고 평가하되 제출하는 서류는 안전작업절차서 또는 안전작업 실행계획서(세부 작업내용 작업구간 표기), 물질 등 유해 위험작업의 경우 세부 항목별 별도 정한 서류 등이다.
- 공사비는 산업안전보건관리비를 충분히 계상한다.
- 공사설계 변경 및 공사비 증액이 있을 때 반드시 안전보건 관리비를 증액하여 계상한다. 이때 안전관리자, 감시인, 작업지휘자, 신호수 등 별도 인건비를 추가로 계상한다.

5. 제5조 (안전점검)
- 안전 점검은 본사 관리하는 부서에서 확인하되 각 지점의 안전관리부에서 실행한다.
- 안전점검은 반기 1회 또는 분기 1회이고 점검 결과는 사내 게시판에 알린다.

6. 제6조 (정보제공)
- 밀폐공간 작업, 화학물질 등 위험작업, 기계 기구 분해 세척 등을 하는 경우 관련 물질에 대해 정보를 제공한다.
- 유해물질 정보제공은 작업시작 전 작업자에게 고지하고 그간 아차 사고 사례를 분석하여 교육자료로 활용한다.

7. 제7조 (안전교육 실시확인)
- 교육 주체는 협력사이고 교육은 매 작업 시작 전 실시한다.

- 특별교육 실시 대상의 경우 안전 체험관 교육을 별도로 수행하도록 조치한다.

8. 제8조 (협력기업 협의체 운영)
- 협력기업 안전 관리를 위해 당사가 조직한 안전보건협의체에 참여하게 한다.
- 안전보건협의체는 월 1회 이상 운영하고 구성은 당사 및 협력사 사업소장이며 간사는 회사의 안전관리자이다.
- 협의 내용은 작업의 시작시간, 작업 또는 작업장 간의 연락방법, 재해 발생 위험시 대피방법, 수급인과 상호 연락방법 등이다.

9. 제9조 (공사 기간변경)
- 공사비 계약된 금액의 %가 증가된 경우 및 공사기간이 10일 이상 연장되는 경우는 자료를 제출받아 검토 후 조치한다.

10. 제10조 (긴급 작업중지)
- 산업안전보건기준에 관한 규칙에 따라, 강풍, 강우 및 강설, 혹서, 혹한 등 작업을 할 수 없을 때 작업을 중지한다.
- 안전사고가 우려된 작업 시 및 근로자가 작업 중지를 하는 경우 현장 관리감독자가 판단하고 조치한다.
- 혼재 작업으로 인한 위험이 우려되는 경우 즉시 관리감독자 및 안전관리자가 판단하고 조치한다.

제2편

관리감독자
평가기준

제1장
제조업

1. 평가개요

중대재해처벌법 시행령 제4조 제5호에서 정하는 안전보건관리책임자, 관리감독자 및 안전보건총괄책임자가 산업안전보건법 제15조, 제16조 및 제62조에 따른 업무를 충실하게 수행할 수 있도록 하는 매뉴얼은 사업장별 내부 운영규정 또는 별도의 평가기준(안)을 마련하여 운영한다.

제1편에서 안전보건관리책임자 등이 해당 업무를 충실하게 수행하는지를 평가하는 기준을 마련하고 그 기준에 따라 반기 1회 이상 평가 관리하는 일반적인 절차서에 관해 기술하였다.

평가기준 수립 시 참고해야 하는 점은 객관적으로 평가 시 지표를 해석하는 데 어려움이 없어야 하고 해당 업무를 충실히 수행할 수 있도록 평가 방향을 정해야 하고 필요시 피평가자가 심층적으로 평가할 수 있도록 하는 것이다.

평가 항목별 평가기준을 마련하는 이유는 어떤 대상이 되는 사업에 대해 공정한 평가를 수행하기 위해 사업 유형을 세분화하여 차별화된 평가

기준을 적용하는 것이다. 예를 들어 어떤 사업 추진 시 '평가항목' 및 '평가지표' 및 '평가기준'을 두었을 경우 사업의 필요성 항목, 중대재해처벌법 항목, 산업안전보건법 항목 등 세부적으로 나누어서 작성하여 평가기준에 따라 평가를 하는 것이다. 평가는 정성 또는 정량으로 하되 객관적인 수치는 인사팀에서 내부적으로 방침을 정하여야 하고 평가항목에 대한 내역은 다음과 같이 설명된다.

평가항목	평가지표	평가기준	평가방법
사업의 필요성	목적 방향	▷사업 목적이 중장기 계획에 맞는가? ▷추진방향이 예산 투자 방향과 맞는가?	높음(만족), 보통, 낮음(불만족)
	경제 효과	▷일자리 창출 효과에 영향이 있는가? ▷경제적 파급효과를 분석하였는가?	
	기술 효과	▷기술개발 분석을 하였는가? ▷사업 운영 시 경쟁력 및 파급효과가 있는가?	
중대 재해 처벌법 이행	법령 의무 이행 점검	▷현장의 안전보건에 관한 목표 및 경영 방침을 수립하였는가? ▷유해 위험요인 점검 개선 업무 처리 절차 마련 및 이행하였는가? ▷안전보건 관리책임자, 관리감독자 등의 충실한 업무수행에 필요한 조치는 하였는가? ▷종사자 의견을 청취하고 그에 대한 개선방안을 수립 마련 이행하였는가?	

		▷급박한 재해 발생 등의 경우를 대비한 매뉴얼 마련 및 훈련은 시행하였는가? ▷안전보건 관계 법령에 따라 의무적으로 실시해야 하는 유해 위험작업에 관한 안전보건 교육은 하였는가? ▷산업안전보건법에 따른 의무이행 여부 점검은 하였는가?	
산업 안전 보건법 이행	법령 의무 준수	▷관리감독자의 유해 위험 방지 업무는 하였는가? ▷작업 시작 전 점검 사항은 실시하였는가? ▷사전조사 및 작업계획서 내용은 수행하 였는가?	

위 평가지표에 대한 평가기준이 설정되었다면 기준에 맞는 성과물을 제출받아서 검토한다. 세부 사업에 대한 단계별 목표에 달성하는 업무수행 자료, 기본계획서, 중장기 계획서 및 자료, 예산 운용계획, 회사의 예산 투자방향 및 기준 자료, 연차별 예산 투자 현황 분석 등이다.

위 예시와 같이 관리감독자의 업무평가는 현장에서 직접적인 안전조치를 해야 하는 업무를 기본으로 하고 별도의 인사상 평가를 하기 위한 내용을 추가하면 된다. 예를 들어 회사의 경영목표가 안전가치, 안전운영, 안전교육, 안전소통이라면 이러한 목표에 부합되는 평가지표를 개발하는 것이다.

평가 시행은 경영책임자가 하는 것이고 평가 결과는 인사노무 시스템에 입력하는 방법과 종이 문서로 하여 관리하는 방법 등 다양한 방법을 선택할 수 있고 평가 부진자에 대한 외부교육 또는 인사상에 적용되는 점수 등을 판단하여 평가기준을 마련하여 시행하는 것이다.

예를 들어 화학단지에서 업무는 여러 가지 업무가 현장에서 이행되고 있으므로 경영책임자가 반기 1회 평가를 사업 전반에 걸쳐 전체적으로 일시에 할 수 없다면 관리감독자에 대해서는 업무와 관련된 부서장이 직접 평가하거나 외부 용역업체 등 객관적으로 평가하는 전문 부서가 수행하면 된다.

안전보건관리책임자 또는 안전보건총괄책임자 평가는 CEO 또는 외부 전문업체에서 평가하는 것이다. 이때 평가는 해당 안전보건 관계 법령에 따라 중앙행정기관의 장이 지정한 기관 등에 위탁하여 점검하는 경우를 말한다.

중대재해처벌법 시행령 제4조 제5호에 따른 안전보건관리책임자, 관리감독자 등 평가기준은 회사 내 전결 규정과 업무분장을 기초로 작성하되 사업장 특성과 업무의 권한 등을 반영하는 것이 바람직하며 산업안전보건법 제15조(안전보건관리책임자), 제16조(관리감독자), 제17조(안전관리자), 제18조(보건관리자), 제19조(안전보건관리담당자), 제62조(안전보건총괄책임자) 규정들이 포함되어 평가하면 충실한 업무수행을 할 것으로 판단된다.

2. 평가기준

일반적으로 산업안전보건 기준에 관한 규칙에 적용되는 항목들을 포함하여 평가기준을 마련하는 것이 바람직하다고 생각한다. 제조업 안전관리 분야에 대한 평가기준은 다음과 같이 설명할 수 있다.

대상	평가항목	평가기준	배점
안전보건 총괄책임자 안전보건 관리책임자	• 기계 · 기구 설비의 위험 방지 • 화재 및 화학물질 폭발사고 예방활동 • 위험작업 안전관리 • 수급업체 안전보건 관리	안전 · 보건관련 서류, 점검결과 보고서류, 개선계획, 이행실적 점검서류 등	
	• 업무분장표에 의한 별도 업무 1 • 업무분장표에 의한 별도 업무 2	관리대장, 이행실적 점검서류 등	
합계			

제조업 내 사업장에서 건설현장 분야에 대한 평가기준은 다음과 같이 설명할 수 있다.

대상	평가항목	평가기준	배점

안전보건
총괄책임자
 	
안전보건
관리책임자
	• 건설물 계획, 설계, 시공
	  단계 안전활동
	• 발주 시 안전보건 활동
	• 시공자의 안전보건 활동
	  및 환경조성
	• 공사 중 구조물 등의 안
	  전관리
	• 건설공사 환경지원
		안전 · 보건관련 서류, 점검
		결과 보고서류, 이행실적
		점검서류 등	

	• 업무분장표에 의한 업무1 • 업무분장표에 의한 업무2	관리대장, 개선계획 실적, 점검결과 실적 등	
합계			

제조업 내 시설물유지 보수 분야에 대한 평가기준은 다음과 같이 설명할 수 있다.

대상	평가항목	평가기준	배점

안전보건
총괄책임자
 	
안전보건
관리책임자
	• 시설물 관리계획 수립
	• 시설물 안전점검 계획
	  이행
	• 시설물 보수 점검 노후화
	  파악
	• 시설물 안전성능 파악
		점검결과 서류, 점검실적,
		보수실적, 검토자료 등	

	• 업무분장표에 의한 별도
	  업무1
	• 업무분장표에 의한 별도
	  업무2
		순회점검, 안전보건서류, 절
		차마련 등 실적	

합계			

필자는 산업안전보건법 제16조(관리감독자)에게 적용되는 평가기준은 산업안전보건기준에 관한 규칙 【별표 2】(같은 법 규칙 제35조 제1항), 【별표 3】(같은 법 규칙 제35조 제2항), 【별표 4】(같은 법 제38조 제1항)를 적용하여 운영하는 것이 바람직하다고 앞장에서 설명했다.

평가기준은 일률적으로 정하는 것보다 현장에서 안전·보건 조치를 이행할 수 있도록 세분화하되 ○○부, ○○부, ○○부 등 각 부서에서 업무를 수행하는 관리감독자 업무수행에 따라 내용을 차별화하여 현장 업무를 충실히 수행할 수 있도록 하여야 한다.

예를 들어 전기부의 경우 【별표 4】에서 '제318조에 따른 전기작업' 항목을 넣어 작성하되 다음과 같이 구성할 수 있다. 제조업 내에서 전기 관련 시설 유지보수 작업에 대한 평가기준을 마련한다면 다음과 같이 설명할 수 있다.

대상	평가항목	평가기준	배점
관리 감독자	• 생산 1동 전기작업 근로자 자격 및 확인 • 생산동 내 전기시설 유지보수 작업 범위, 전기작업 책임자 임명, 전격 아크 섬광 폭발 등 전기 위험요인 파악, 접근한계 거리 활선접근 경보장치 휴대 등 작업 시작 전 필요한 사항 점검 • 생산동 내 전로 차단에 관한 작업계획 및 전원 절차 작업요령 • 생산동 내 점검 및 시운전을 위한 일시운전, 작업중단 등에 관한 사항	안전보건 점검서류, 확인자료, 평가계획 및 평가실적 서류 등	

대상	평가항목	평가기준	배점
	• 업무분장표에 의한 업무 1 • 업무분장표에 의한 업무 2	안전보건 서류, 개선 대책 서류 등	
합계			

제조업 내 건설 중인 전기작업 점검에 대한 평가기준을 마련한다면 다음과 같이 설명할 수 있다.

대상	평가항목	평가기준	배점
관리 감독자	• 협력사가 건설 중인 구역 내 전기작업 근로자 자격 및 확인 • 협력사가 건설 중인 전기 위험요인 파악, 전기 작업시작 전 필요한 사항 점검 • 협력사가 건설 중인 전로 차단에 관한 작업계획 및 전원 절차 작업요령 • 절연용 보호구 착용 점검 및 준비 • 점검 및 시운전을 위한 일시운전, 작업중단 등에 관한 사항	점검서류, 확인서류, 평가자료 등	
	• 업무분장표에 의한 업무 1 • 업무분장표에 의한 업무 2		
합계			

각 부서별 팀장 등 부서 단위별 평가는 다음과 같이 시설 1부, 시설 2부, 전기 1부, 전기 2부 등 작업 내용에 따라 별도로 평가기준을 마련하고 산업안전보건기준에 관한 규칙 【별표 2, 3, 4】를 고려하여 마련하면 관리감독자들이 현장에서 직접적인 안전조치 업무를 가능하게 하는 것으로 생

각된다.

예를 들어 시설 1부에서 설비에 대한 제작, 보수를 하는 경우 다음과 같이 설명할 수 있다.

대상	평가지표	평가기준	배점
관리감독자 1	위험성평가 및 개선대책	• 정기 위험성평가 시행 및 개선계획 조치여부 • 종사자들이 제기한 유해 위험요인에 대해 수시 위험성평가 시행 여부	
관리감독자 2	아세틸린 용접장치 사용 금속의 용접 용단작업	• 작업방법 결정 및 작업 지휘 여부 • 작업요령 준수 및 1일 1회 이상 점검 • 종사자의 보안경 및 안전장갑 착용 상황 감시	
합계			

필자가 경험한 사고 사례를 기억하여 재정리한다면 평가기준을 마련하면서 안전보건관리책임자, 안전보건총괄책임자, 관리감독자 등 업무평가를 모두 동일하게 일정한 항목으로 구성한 경우가 있었다. 다음과 같이 설명할 수 있다.

대상	평가항목	배점
안전보건 총괄책임자 안전보건 관리책임자 관리감독자	• 중대재해처벌법에서 정한 안전보건 목표와 경영방침을 이행하였는가? • 유해·위험요인을 확인하고 개선하는 업무 절차를 충실히 이행하였는가? • 재해예방을 위해 필요한 안전보건에 관한 인력 시설 장비는 갖추었는가? • 안전보건에 관한 사항에 대해 종사자의 의견을 듣는 절차를 이행하였는가? • 위험요인이 발견되면 작업중지, 위험요인 제거 등 대응 조치를 이행하였는가?	
합계		

위 사례에서 시사하는 바는 사업장에서 안전보건업무 평가 지표를 세분화하지 않았고 중대재해처벌법에서 정한 내용을 그대로 옮겨 놓은 것으로 안전보건총괄책임자 안전보건관리책임자 관리감독자가 모두 동일한 업무를 하였다고 볼 수 있다.

실제 안전보건총괄책임자는 도급인 소속으로 업무를 수행해야 하고 관리감독자는 수급인 소속 현장에서 산업안전보건법에 따른 직접적인 안전·보건 조치를 하는 업무이다. 결국 수급인 관리감독자가 하는 업무를 도급인의 안전보건총괄책임자가 하는 것으로 평가되는 것이다.

평가지표는 현장에서 직접적인 안전·보건 조치를 하도록 마련하는 것이 효과적으로 볼 수 있다. 판례는 평가기준이 실질적인 평가가 이루어질 수 있도록 구체적·세부적이고(창원지방법원 2023. 11. 3. 선고 2022고단

1429 판결), 안전보건관리책임자 등이 산업안전보건법에 따른 의무를 제대로 수행하고 있는지 실질적인 평가기준을 마련하였다고 보기 어렵다. (춘천지방법원 2024. 8. 8. 선고 2022고단1445 판결) 평가기준 또한 마련하지 아니하여 사다리 작업을 하게 함으로써 추락에 의한 중대재해의 발생 위험을 제거하지 아니하였다"라고 판결하였다. (서울북부지방법원 2023. 10. 12. 선고 2023고단2537 판결)

따라서 위 사례는 안전보건총괄책임자, 안전보건관리책임자, 관리감독자 모두 동일한 업무를 하는 것이고 현장에서 직접적으로 누가 안전·보건 조치를 해야 하는 자인지 알 수 없다.

산업안전보건법상 안전보건관리책임자 등 법적 업무의 권한이 다르고 현장에서 안전조치 보건 조치를 해야 하는 권리감독자의 업무 특성이 다른데도 불구하고 일률적으로 모두 반영한 것이다.

관리감독자는 산업안전보건법상 안전조치 보건조치를 하여야 하고 사전점검 및 작업계획서를 발행해야 하는 관리자로서 이러한 안전조치 보건조치 항목들을 반영한 평가기준이 필요하다. 다만 별도의 업무가 존재하는 경우 이를 평가하여 반영할 것인지 중대재해처벌법상 평가기준 점수를 전체 인사평가의 고과점수에서 몇 %를 반영하는지에 대한 결정은 경영책임자가 판단해야 한다.

예를 들어 평가기준에 의하여 객관적으로 하는 경우 직무에 대한 성과평가는 내부 인사부서에서 관리하되 다음과 같이 설명할 수 있다.

대상		총평
안전보건 관리책임자 안전보건 총괄책임자	안전성과	(예시) 경영책임자의 안전관리 추진항목 1~4까지 업무수행을 통해 시설물 유지보수 관리자로 역할 강화와 사업장의 전반적인 안전관리 수준을 높이는 점에 대해 양호함. 다만 안전예산이 적절하게 집행되는지 분기별 집행률을 경영책임자가 확인하는 시스템을 구축하는 것이 좋을 듯하며 이를 전체 공유하는 것도 필요함
	관리역량	(예시) 현장점검 시 협력사 수급업체를 방문하여 의견을 청취하고 안전경영에 대한 의지를 소개하고 협력사가 충분한 안전관리비 확보, 보호구 지급, 시설 투자를 요청하는 점은 우수하게 판단됨
관리감독자	안전수준	(예시) 종사자에 대한 안전코칭, 수급인에 대한 안전교육 등 수준이 탁월함
	안전역량	(예시) 안전보건 경영방침 및 목표에 대한 달성도가 높고 안전역량이 높음
	안전성과	(예시) 산업안전보건기준에 관한 규칙에서 정한 【별표 2, 3, 4】업무를 충실하게 이행하고 있음

앞서 필자가 기술한 내용으로 관리감독자의 평가항목은 가급적 안전보건기준에 관한 규칙에서 정한 업무를 현장에서 이행할 수 있도록 경영차원에서 충분한 예산의 지원이 필요하다고 설명한바 있다.

제조업 현장에서 안전·보건 조치를 이행하도록 하는 방향으로 설계하고 주요 작업들을 고려하여 평가 항목들을 구성한다면 관리감독자의 유해·위험 방지업무 평가기준은 다음과 같이 설명할 수 있다.

대상	평가항목	평가기준	배점
관리감독자 (유해·위험 방지업무)	• 프레스등을 사용하는 작업에서 프레스등 및 그 방호장치를 점검하였는가? • 크레인을 사용하는 작업에서 작업방법과 근로자 배치를 결정하고 그 작업을 지휘하였는가? • 위험물을 제조하거나 취급하는 작업에서 작업을 지휘하였는가? • 건조설비를 사용하는 작업에서 작업방법을 교육하고 작업을 직접 지휘하였는가? • 아세틸렌 용접장치에서 작업방법을 결정하고 작업을 지휘하였는가? • 가스집합용접장치의 취급작업에서 작업방법을 결정하고 작업을 직접 지휘하였는가? • 화물취급작업에서 작업방법을 결정하고 작업을 지휘하였는가? • 관리대상 유해물질을 취급하는 작업에서 보호구의 착용 상황을 감시하였는가? • 허가대상 유해물질 취급작업에서 근로자의 보호구 착용 상황을 점검하였는가? • 고압작업에서 유해가스의 농도를 측정하는 기구를 점검하였는가? • 밀폐공간 작업에서 작업 장소의 공기가 적절한지를 작업 시작 전에 측정하였는가?	안전보건 관련 점검 서류 등	
합계			

관리감독자의 작업시작 전 점검사항 업무를 평가기준으로 하면 다음과 같이 설명할 수 있다.

대상	평가항목	평가기준	배점
관리감독자 (작업시작 전 점검사항 업무)	• 프레스 등을 사용하여 작업을 할 때 방호장치의 기능을 점검하였는가? • 로봇의 작동 범위에서 그 로봇에 관하여 교시 등에서 제동장치 및 비상 정지 장치의 기능을 점검하였는가? • 공기압축기를 가동할 때 회전부의 덮개 또는 울 설치하였는가? • 지게차를 사용하여 작업하는 때 제동장치 및 조종장치 기능의 이상 유무 확인하였는가? • 구내 운반차를 사용하여 작업할 때 제동장치 및 조종장치 기능의 이상 유무 확인하였는가? • 고소 작업대를 사용하여 작업할 때 비상정지장치 및 비상 하강 방지장치 기능의 이상 유무 점검하였는가? • 컨베이어 등을 사용하여 작업할 때 비상정지장치 기능의 이상 유무를 점검하였는가? • 차량계 건설기계를 사용하여 작업할 때 브레이크 및 클러치 등의 기능을 점검하였는가? • 용접 · 용단 작업 등의 화재위험작업을 할 때 작업 준비 및 작업절차 수립하였는가? • 근로자가 반복하여 계속적으로 중량물을 취급하는 작업을 할 때 위험물이 날아 흩어짐에 따른 보호구의 착용을 하였는가? • 양화장치를 사용하여 화물을 싣고 내리는 작업을 할 때 제한 하중을 초과하는 하중을 실었는지 여부를 확인하였는가?	안전보건 관련 점검 서류 등	
합계			

관리감독자의 사전조사 및 작업계획서를 평가기준으로 하면 다음과 같이 설명할 수 있다.

대상	평가항목	평가기준	배점
관리감독자 (사전조사 및 작업계획서 내용 업무)	• 차량계 하역운반기계등을 사용하는 작업 시 해당 작업에 따른 추락·낙하·전도·협착 및 붕괴 등의 위험 예방대책을 하였는가? • 차량계 건설기계를 사용하는 작업에서 운행경로 작업방법 등 계획을 수립하였는가? • 화학설비와 그 부속설비 사용작업에서 계측장치 및 제어장치의 감시 및 조정을 하였는가? • 전기작업에서 보호구 및 방호구, 활선작업용 기구·장치 등의 준비·점검 등을 하였는가? • 중량물의 취급작업에서 추락위험, 낙하, 전도, 협착, 붕괴위험 대책은 수립하였는가?	안전보건 관련 점검 서류 등	
합계			

제2장
건설업

1. 평가개요

중대재해처벌법 시행령 제4조 제5호에서 정하는 관리감독자, 안전보건관리책임자, 안전보건총괄책임자에 대한 평가기준은 토목공사, 건축공사, 건설공사 등 현장 특성에 따라 달리 적용할 수 있다.

그간 업종별 산업재해 현황을 살펴보면 건설업에서 가장 많은 사고가 발생하고 있어 현장소장 중심으로 안전업무에 대한 평가기준을 강화하고 있다. 일반적으로 건설업에서 평가내용은 다음과 같이 설명할 수 있다.

평가항목	평가기준	평가점수
산업안전보건법 제15조 안전보건관리책임자의 업무수행	점검결과, 평가자료, 위험성평가 실적, 개선대책 및 이행실적 등	
산업안전보건법 제64조에 따른 안전보건총괄책임자 업무수행	″	

산업안전보건법 제16조에 따른 관리감독자 업무수행	”	
합계		

　평가결과 상위등급은 인사평가에 반영하고 평가등급 하위는 안전보건 교육 등을 통해 역량을 강화하는 방안으로 검토된다. 평가 시점은 매년 6월 또는 12월경 실시하고 평가결과를 전산에 등록하여 관리한다.

2. 평가기준

건설업에서 평가 항목은 개별 사업장에서 정한 기본계획을 반영하여 평가기준을 별도 세분화할 수 있다. 관리감독자들이 수행하는 중요작업들이 현장에서 안전·보건 조치가 이행될 수 있도록 평가 항목을 구성하는 것으로 학자들의 선행 연구에 있는 중요 변수들은 다음과 같다.

평가항목
(안전가치) • 안전성과 지표를 검토하고, 이를 바탕으로 근로자들에게 피드백을 제시, 근로자에 의한 안전성과에 대해 보상함, 사고는 예방할 수 있음, 안전 수칙을 위반한 경우에 대해 징계나 처벌이 있음 (Wu, T. C., Lin, C. H., & Shiau, S. Y., 2010) • 안전이 가장 중요함 (Fang, D., Huang, Y., Guo, H., & Lim, H. W., 2020; Zhang, M., & Fang, D. 2013)
(안전운영) • 근로자들의 개인 안전장비 확인 (Fang, D., Huang, Y., Guo, H., & Lim, H. W. 2020) • 모든 구성원이 현실적으로 달성이 가능한 안전 목표를 설정 (Zhang, M., & Fang, D. 2013) • 작업장을 자주 방문하여 위험성평가를 실시함 (Wu, T. C., Lin, C. H., & Shiau, S. Y. 2010) • 안전 행동에 대해 근로자들끼리 서로 피드백하는 코칭을 실시함 (Yeow, P. H., & Goomas, D. T. 2014) • 안전에 관한 결정을 내리는 과정에 항상 근로자들이 참여함 (Sheehan, C., Donohue, R., Shea, T., Cooper, B., & De Cieri, H. 2016)
(안전교육) • 현장에서 안전한 작업에 대해 교육, 근로자에게 비상시의 대응방침을 교육, 산업 재해 예방에 대한 전문적인 지식을 현장근로자들에게 실시간 제공 (Sheehan, C., Donohue, R., Shea, T., Cooper, B., & De Cieri, H. 2016)

(안전소통)
- 근로자들 간의 효율적인 안전 소통을 함, 근로자들이 안전에 대해 의견에 대해 피드백함, 근로자와 현장에서 자유롭게 안전에 대한 의견을 주고받음 (Fang, D., Huang, Y., Guo, H., & Lim, H. W. 2020; Zhang, M., & Fang, D. 2013; Skeepers, N. C., & Mbohwa, C. 2015)
- 관리감독자는 안전 이슈에 대해 직원들과 자주 논의함 (Sheehan, C., Donohue, R., Shea, T., Cooper, B., & De Cieri, H. 2016)
- 작업 전 현장에서 TBM에 참석하고, TBM의 질적 제고를 위한 코칭 (Zhang, M., & Fang, D. 2013)
- 개방적이고 자발적인 쌍방향 의사소통을 할 수 있도록 코칭 (Skeepers, N. C., & Mbohwa, C. 2015)

위 내용은 평가항목이 되는 측정자료이며 평가기준이 되는 정량적 자료는 다음과 같이 설명된다.

평가기준에 참고가 되는 키워드

안전보건경영방침 게시 여부, 협력기업 안전보건 교육 이행 정도 확인, 안전보건 관련 연간계획 서류, 협의체 회의 개최 실적 및 회의자료, 작업환경 측정서류, 점검 결과 및 보고서류, 정기 및 수시 위험성 평가자료, 산업안전보건 관리비 집행실적, 안전보건교육 실적 및 수료증, 아차사고 재발 방지 대책, 안전신문고 안전 톡 운영 실적, 유해·위험기계 기구 법정 검사 및 인증서류, 공사비 집행실적, 안전수준 평가실적 등

관리감독자의 평가는 위 평가 항목과 평가기준을 참조하되, 각 사업장에서 업무 분담 된 사항들을 포함하여 평가한다. 예를 들어 유해 위험요인 발굴 및 위험성평가 작업의 경우 다음과 같은 평가기준을 마련할 수 있다.

대상	평가항목	평가기준	배점
관리 감독자	• 유해·위험 요인을 확인하고 개선하는 업무절차를 충실히 이행하였는가? • 정기, 수시, 상시 위험성 평가는 이행하고 있는가? • 위험성평가 결과 종사자 의견을 반영하고 그 결과를 게시판에 공지하거나 공유하는가? • 돌발작업, 비정형 작업에 대한 안전 관리 대책을 수립하고 운영하는가? • 위험요인이 발견될 때 작업중지 위험 요인 제거 등 대응조치를 이행하였는가? • 작업허가 시 위험요인에 대해 확인하고 개선하며 위험요인을 기록하는가?	점검결과, 평가자료, 위험성평가 실적, 개선대책 및 이행실적 등	
합계			

건설업에서 위험작업 및 고소작업 시 안전사고를 예방하기 위해서는 안전교육 계획 수립 및 교육 실시가 중요하다.

판례는 "하역운반 기계 5대 이상 보유 사업장에서 근로자당 16시간 특별 안전보건 교육을 미실시하였고(광주지방법원 2024. 9. 26. 선고 2024고단1482 판결) 근로자의 작업복·보호구 및 방호장치의 점검과 그 착용·사용에 관한 교육·지도를 하지 않아 사고가 발생하였고(춘천지방법원 2024. 8. 8. 선고 2022고단144 판결) 근로자위험 교육을 하지 않았다"라고 판결한바, (울산지방법원 2024. 4. 4. 선고 2022고단4497 판결) 안전작업을 수행하기 이전에 작업자 현장교육 실시는 필수적이다. 건설업에서 특별교육 대상자에 대한 작업내용 교육 평가항목은 다음과 같이 설명된다.

대상	평가항목	평가기준	배점
관리감독자 (특별교육 대상 작업)	• 밀폐된 장소에서 하는 용접 또는 습한 장소에서 하는 전기용접 작업에 대한 특별교육은 실시하였는가? - 보호구 착용, 작업순서, 안전작업방법 수칙 등 • 운반용 하역기계를 5대 이상 보유한 사업장에서 기계로 하는 작업에 대해 안전운전 방법 등 특별교육은 실시하였는가? • 건설용 리프트 곤돌라를 이용하는 작업에서 방호장치의 기능 등 사용에 관한 특별교육은 실시하였는가? • 콘크리트 파쇄기를 사용하는 파쇄작업에서 작업 안전조치 특별교육은 실시하였는가? • 굴착면 높이가 2미터 이상이 되는 지반 굴착의 작업 시 굴착요령 등 붕괴 재해 예방에 대한 특별교육은 실시하였는가? • 흙막이 지보공 보강 동바리 설치 해체작업에서 특별교육은 실시하였는가? • 터널 안에서 굴착작업 특별교육은 실시하였는가? • 굴착면의 높이가 2미터 이상이 되는 암석의 굴착작업 시 보호구 및 신호방법에 관한 특별교육은 실시하였는가?	교육실시 관련 자료, 참석자 명부, 관련 자료 등	

	• 거푸집 동바리의 조립 또는 해체작업 시 특별교육은 실시하였는가? • 비계의 조립·해체 또는 변경 작업 시 특별교육은 실시하였는가? • 콘크리트 인공구조물의 해체 또는 파괴 작업 시 특별교육은 실시하였는가? • 타워크레인을 설치 해체하는 작업에서 붕괴 추락 및 재해방지에 관한 사항에 대해 특별교육은 실시하였는가? • 타워크레인을 사용하는 작업 시 신호업무를 하는 작업에 대해 특별교육은 실시하였는가?		
합계			

특별교육 대상에 대한 평가항목 이외 건설업 특성상 관리감독자가 고위험 유해·위험요인에 대해 관리가 이행되고 있는지?, 주요 위험작업에 대해 사전조사 및 작업계획서가 작성되고 있는지?, 산업안전보건 관리비가 적정하게 집행되고 있는지?, 노사협의체, 안전관리자 협의회, 산업안전보건위원회가 주기적으로 잘 운영되는지?, 안전 톡 및 안전신문고를 접수받은 위험요인에 대해 관리는 잘 되고 있는지?, 도급 용역 위탁 업체 선정 시 안전보건 업무수행 능력이 평가되고 있는지?, 산업안전보건법상 의무이행이 잘 되고 있는지? 등 평가 항목들을 구체화하여 운영해야 한다.

중대재해처벌법 시행령 제4조 제5호에서 정하는 관리감독자 평가기준과 중대재해처벌법 의무이행 상태를 병행하여 분석할 수 있다. 예를 들어 전국에 있는 건설 현장의 경우 중대재해처벌법 의무이행에 대해 현장별로 평가하여 총괄 점수로 관리를 할 수 있다. 예를 들어 현장이 여러 곳이면 다음과 같이 현장별 점수를 구분하여 등급별(A~F까지)로 하고 평가기준과 현장 점수를 총점으로 하여 개인별 인사평정 점수를 산정한다.

안전보건 관리책임자 평가 예시는 다음과 같다.

대상	평가대상	평가항목	등급	총점
A 지역 건설 공사 현장	안전보건관리 책임자	위험성평가	A	
		안전보건예산 집행편성	A	
		종사자 의견청취	B	
		안전보건 업무수행	B	
		급박한 위험 대응절차이행	S	
		도급 용역 위탁 시 평가	D	
		재발방지대책수립이행	E	
		안전보건관계법령상 의무이행	F	
B 지역 건설 공사 현장	-	-	-	-
C 지역 건설 공사 현장	-	-	-	-
합계				

주) 등급별 점수 별도 부여, A~E는 인사평가 점수반영, F는 단기 교육

제3편

중대재해처벌법 판례 분석

제1장
중대재해처벌법 위반 사례

1. 안전보건에 관한 목표와 경영방침

중대재해처벌법 시행령 제4조 제1호 안전·보건에 관한 목표와 경영방침은 실질적으로 지배·운영 관리하는 사업 또는 사업장에서 종사자의 안전보건상 유해 위험을 방지하기 위한 것으로 안전보건에 관한 목표와 경영방침 의무를 부여한 것이다.

안전보건에 관한 목표와 경영방침 관련 법원은 "산업안전보건법 제14조는 일정한 요건을 갖춘 주식회사의 대표이사에 대하여 매년 회사의 안전 및 보건에 관한 계획을 수립하여 이사회에 보고하고 승인을 받을 의무를 부과하고 있고, 같은 법 시행령 제13조 제2항은 위 '안전 및 보건에 관한 계획'에 포함되는 내용으로 '안전 및 보건에 관한 경영방침' 등을 정하고 있으므로, 중대재해처벌법이 요구하는 안전·보건에 관한 목표와 경영방침은 산업안전보건법 제14조가 규정하는 회사의 안전 및 보건에 관한 계획과 상당 부분 중복될 수 있다.

다만, 산업안전보건법에 따른 안전 및 보건에 관한 계획은 매년 사업장의 상황을 고려한 구체적인 안전·보건 경영계획인 데 비하여, 중대재해처벌법이 요구하는 안전·보건에 관한 목표와 경영방침은 사업을 수행하면서 각 부문에서 항상 고려하여야 하는 안전·보건에 관한 기본적인 경영철학과 의사결정의 일반적인 지침을 담고 있어야 한다는 점에서 차이가 난다. 따라서 중대재해처벌법 시행령 제4조 제1호에 규정된 안전·보건에 관한 목표와 경영방침에는 사업 또는 사업장의 특성과 규모 등이 반영되어야 하고, 그 내용은 중대재해처벌법 시행령 제4조 제2호 또는 제9호에 관한 것 등으로 구체화하여야 한다. 그러므로 업계에서 통용되는 표준적인 양식을 별다른 수정 없이 활용하는 데 그치거나, 안전 및 보건을 확보하기 위한 실질적이고 구체적인 방안이 포함되지 않아 명목상의 것에 불과한 경우에는 중대재해처벌법이 요구하는 목표와 경영방침을 설정하였다고 볼 수 없다"라고 판결하였다. (창원지방법원마산지원 2023. 8. 25. 선고 2023고합8 판결)

건설업에서 목표와 경영방침 관련 법원은 "'안전보건경영 방침'의 내용은 반복적인 재해를 감소하기 위한 경영적 차원에서의 노력이나 구체적인 대책 마련 방안 등을 반영한 목표나 경영방침을 한 것으로 보기 어렵고, '안전보건경영방침'은 2022. 2. 중순경 작성된 것으로 보이기는 하나, 당시 전파되지 않는 등 시행되지 않다가 이 사건 사고 이후 재작성된 것으로 보이므로, 피고인이 중대재해처벌법 시행령상의 안전·보건에 관한 목표와 경영방침 설정 의무를 이행하였다고 보기 어렵다"라고 판결하였다. (춘천지방법원 2024. 8. 8. 선고 2022고단1445 판결)

위 판결과 달리 안전·보건에 관한 목표와 경영방침 설정이 중대재해처벌법 시행령에 따라 구체적이고 실질적 방안이 포함되었다고 인정한 사례가 있다. 법원은 "본사 차원의 안전보건관리계획서에 이미 중대재해처벌법 시행령 제4조 제1호에서 요구하는 '사업 또는 사업장의 안전·보건에 관한 목표와 경영방침'은 명시되어 있을 뿐 아니라 이와 실질적으로 유사한 내용이 회사의 2021년도 안전보건관리계획에서도 포함되어 있다고 볼 여지가 있는 점 등에 비추어 보면, 이 사건 사고 당시 피고인 회사가 이미 중대재해처벌법 시행령 제4조 제1호에 따른 조치를 이행하였다고 볼 여지가 있고, 설령 견해를 달리하여 보더라도 추상적인 목표와 경영방침을 다소 늦게 설정한 것과 이 사건 사고 사이의 인과관계가 있다고 보기도 어렵다"라고 판결하였다. (의정부지방법원 2024. 8. 27. 선고 2024고단4 판결)

이를 종합하면, 안전보건에 관한 목표와 경영방침은 중대재해처벌법 시행령 구체화 등 실질적, 구체적 방안 포함해야 하고 사업 또는 사업장 특성 및 규모 고려, 반복적 재해 감소를 위한 경영적 차원의 노력, 구체적 대책 방안 반영해야 하고 사업 또는 사업장의 유해·위험요인 등 구체적 특성이 반영되어야 하고 종사자에게 실효적으로 전달되어야 하고 구체적인 세부 전략이 제시되어야 하고 경영책임자 입장에서 개선 의지가 포함되어야 하고 종사자 등 구성원과 협의 의견수렴절차를 거쳐야 하고 목표 달성 여부 등에 대해 사후적인 성과 검증 또는 평가가 가능하도록 마련해야 함을 시사한다.

2. 안전·보건에 관한 전담조직 구성

중대재해처벌법 시행령 제4조 제2호에서 규정한 '전담조직'은 「산업안전보건법」 제17조부터 제19조까지 및 제22조에 따라 두어야 하는 인력이 총 3명 이상이고 △ 상시근로자 수가 500명 이상인 사업 또는 사업장 △ 「건설산업기본법」 제8조 및 같은 법 시행령 【별표 1】에 따른 토목건축공사업에 대해 같은 법 제23조에 따라 평가하여 공시된 시공 능력의 순위가 상위 200위 이내인 건설사업자는 안전·보건에 관한 업무를 총괄·관리하는 전담 조직을 두도록 규정하고 있다.

법원은 "전담 조직은 안전 확보 의무의 이행을 실질적으로 총괄·관리할 수 있을 정도의 인적·물적 요건을 갖출 것이 필요하다고 할 것이고, '전담'이라는 문구를 사용한 점에 비추어 볼 때 적어도 조직 구성원의 상당수가 안전·보건과 무관한 생산관리 등 안전·보건과 목표의 상충이 일어날 수 있는 업무를 함께 수행하는 것은 허용되지 않는다고 봄이 타당하다"라고 판결하였다. (청주지방법원 2024. 9. 10. 선고 2023고단1464 판결)

3. 유해·위험요인의 확인·개선 업무

중대재해처벌법 시행령 제4조 제3호는 사업 또는 사업장의 특성에 따른 유해·위험요인을 확인하여 개선하는 업무절차를 마련하고, 해당 업무절차에 따라 유해·위험요인의 확인 및 개선이 이루어지는지를 반기 1회 이상 점검한 후 필요한 조치를 하도록 규정하였다. 즉 유해·위험요인의 확인 및 개선 절차를 마련하거나 위험성평가를 하는 절차를 마련인데 위험성평가의 경우 산업안전보건법 제36조 근거를 두고 있고 고용노동부 고시에 실시 주체, 대상, 위험성평가 방법, 절차, 사전준비, 위험성 감소대책 수립 및 실행 등을 정하고 있다.

판례는 "산업안전보건법 제36조에서는 사업주는 유해·위험요인을 찾아내어 부상 및 질병으로 이어질 수 있는 위험성의 크기가 허용 가능한 범위인지를 평가하여야 하고 그 결과에 따라 법령에서 정한 조치와 근로자에 대한 위험 또는 건강장해를 방지하기 위해 필요한 조치를 하여야 하며, 위 평가 시 해당 작업장의 근로자를 참여시켜야 한다고 정하고 있다. 같은 조 제4항에 근거하여 마련된 사업장 위험성평가에 관한 지침(고용노동부고시 제2020-53호, 2020. 1. 16. 시행)에서는 기계·기구, 설비 등의 정비 또는 보수 계획이 있는 경우에는 해당 계획의 실행을 착수하기 전에 위험성평가를 실시한다고 정하고 있고, 위험성평가를 위한 사전준비 사항, 유해·위험요인 파악의 방법, 위험성을 추정하는 방법, 허용 가능한 위험성의 결정과 위험성 인정 시 감소를 위한 대책 수립, 사후 확인과 추가적인 감소대책 수립·실행 등에 관하여 구체적인 규정을 두고 있고, 위와 같은 규정들의 도입 취지와 내용에 의할 때, 사업 또는 사업장의 특성에 따른 유해·위험요인을 확인하여 개선하는 업무절차에는 유해·위험요인에 대한 신고, 종사자의 의견 청취를 포함한 유해·위험요인에 관한 확인, 유해·위험요인 확인 시 작업의 중단, 실효성 있는 안전확보 방안의 마련과 검토 등이 포함되어야 할 것이고, 업무절차의 구체적인 내용은 산업안전보건법 제36조에서 정한 위험성평가의 방식과 절차에 준하는 정도에 이를 것이 요구된다"라고 판결하였다. (청주지방법원 2024. 9. 10. 선고 2023고단1464 판결)

위 판결에서 시사점은 '확인' 절차는 누구나 자유롭게 사업장 위험요인을 발굴·신고할 수 있는 창구 및 실제 위험작업 종사자 의견 청취 절차를 포함할 필요가 있고, '개선' 절차는 유해·위험요인을 체계적 분류·관리 및 유해·위험요인별 제거·대체·통제하는 방안을 포함할 필요가 있다는 내용이다.

유해·위험요인 확인·개선 관련 법원은 "안전보건경영시스템 매뉴얼은 일반적인 공사현장에서 지켜야 할 매뉴얼일 뿐 이를 이 사건 공사현장의 특성에 다른 유해·위험요인을 확인하여 개선하는 업무절차라고 보기 어렵고, 이 사건 공사현장의 실질적인 유해·위험요인을 확인하고 작성한 것이 아니라 다른 공사현장에서의 경험 등을 기초로 형식적으로만 작성한 것인 점"이고(의정부지방법원 고양지원 2023. 4. 6. 선고 2022고단3255), "중대재해처벌법 시행령 제4조 제3항 단서에서 산업안전보건법 제36조에 따른 위험성평가로 동항 본문의 조치에 갈음할 수 있도록 한 점에 비추어 보면, 이 규정에 따른 유해·위험요인을 확인하여 개선하는 업무절차는 적어도 산업안전보건법상의 위험성평가에 준하는 수준의 구체적이고 실질적인 내용의 것임을 필요로 한다고 할 것이다. 그런데 법규 준수 체크리스트는 유해·위험요인을 찾아내어 위험성의 크기를 평가하고 그 시정방안을 모색하는 것이 아니라 일반적인 산업안전보건기준에 관한 규칙의 내용을 소개하고 그 준수 여부를 자율적으로 점검하도록 하는 수준에 불과하다" (의정부지방법원 2024. 8. 27. 선고 2024고단4 판결) "사업장의 특성에 따른 유해·위험요인을 확인하여 개선하는 업무절차를 마련함에 있어 산업안전보건법 제36조와 그 위임에 따른 사업장 위험성평가에 관한 지침(고용노동부 고시 제2020-53호)이 규정하는 방법과 절차·시기 등에 대한 기준을 반영하지 않고 정비·보수 작업에 대한 위험성평가 없이 개괄적인 사항에 대한 일반적 절차만 규정하여, 위 B골 편면기의 회전축 윤활유 주입 등 정비작업을 수행할 경우의 협착 등 위험요인을 확인하여 개선하는 업무절차를 제대로 마련하지 않았다" (대구지방법원 2024. 1. 16. 선고 2023고단3905 판결) "산업안전보건법 제36조에서 정한 위험성평가 방식과 절차에 준하는 정도에 이를 것을 요구하고 있고, 확인절차는 누구나 자유롭게 사업장 위험요인 발굴·신고할 수 있는 창구 및 실제 위험 작업 종사자 의견 청취 절차 포함 필요하고 개선절차는 유해·위험요인 체계적 분류·관리 및 유해·위험요인별 제거·대체·통제하는 방안 포함 필요하다"라고 판단하였다. (창원지방법원 2023. 11. 3. 선고 2022고단1429 판결)

위 판결에서 시사하는 점은 최소한 산업안전보건법 제36조와 그 위임에 따른 지침이 규정하는 방법과 절차·시기 기준 및 현장 특성 반영 필요하고 유해·위험요인 확인·개선하는 업무절차에는 유해·위험요인 확인 시 작업의 중단, 실효성 있는 안전확보 방안의 마련과 검토 등이 포함되어야 함을 의미한다.

4. 재해 예방에 필요한 예산 편성

중대재해처벌법 시행령 제4조 제4호는 재해 예방을 위해 필요한 안전·보건에 관한 인력, 시설 및 장비의 구비, 제3호에서 정한 유해·위험요인의 개선, 그 밖에 안전보건관리체계 구축 등을 위해 필요한 사항으로서 고용노동부장관이 정하여 고시하는 사항을 이행하는 데 필요한 예산을 편성하고 그 편성된 용도에 맞게 집행하도록 규정하고 있다.

법원은 "중대재해처벌법 시행령 제4조 제4호 가목은 '재해 예방을 위해 필요한 안전·보건에 관한 인력, 시설 및 장비를 구비하는 데 필요한 예산의 편성 및 그 편성된 용도에 맞는 집행'을 안전보건관리체계의 구축 및 이행에 관한 조치의 하나로 규정하고 있다. 여기서 재해 예방을 위해 필요한 인력, 시설, 장비라 함은 산업안전보건법을 비롯하여 종사자의 재해 예방을 위한 안전·보건 관계 법령 등에서 정한 인력, 시설, 장비를 말한다. (「건설업 산업안전보건관리비 계상 및 사용기준」 고용노동부고시 제2022-43호)에 따른 산업안전보건관리비 계상 기준은 재해 예방을 위해 필요한 인력, 시설 및 장비의 구입에 필요한 예산의 1차적인 기준이 될 수 있으나 중대재해처벌법상의 사업주 또는 경영책임자 등은 도급이나 용역 등을 매개로 하여 노무를 제공하는 종사자에 대하여도 안전보건 확보의무를 이행하여야 하는 등의 이유로 건설공사발주자의 산업안전보건관리비 계상 의무보다 폭넓은 안전·보건 관련 예산 편성 의무를 부담하므로, 중대재해처벌법에 따라 편성하여야 하는 재해 예방 관련 예산은 산업안전보건관리비에 국한되지 아니하고, 관계 법령에 따라 의무적으로 갖추어야 할 인력, 시설 및 장비의 구비를 위한 비용이 모두 포함되어야 하고 안전·보건에 관한 예산이 편성되어 있다 하더라도 그 예산이 사업장에서 그 용도에 맞게 집행되지 않은 경우에는 중대재해처벌법 시행령 제4조 제4호의 의무를 이행한 것으로 볼 수 없다"라고 판결하였다. (창원지방법원 마산지원 2023. 8. 25. 선고 2023고합8 판결)

위 판결에서 시사하는 바는 산업안전보건관리비 보다 폭넓은 예산 편성 의무 부담이 필요하고 관계 법령에 따라 의무적으로 갖추어야 할 인력 시설 및 장비의 구비를 위한 비용 모두를 포함할 필요가 있다는 판결이다.

5. 안전보건관리책임자, 관리감독자 등 평가기준

중대재해처벌법 시행령 제4조 제5호는 산업안전보건법 제15조, 제16조 및 제62조에 따른 안전보건관리책임자, 관리감독자 및 안전보건총괄책임자가 같은 조에서 규정한 각각의 업무를 각 사업장에서 충실히 수행할 수 있도록 안전보건관리책임자 등에게 해당 업무수행에 필요한 권한과 예산을 주어야 하고, 안전보건관리책임자 등이 해당 업무를 충실하게 수행하는지를 평가하는 기준을 마련하고, 그 기준에 따라 반기 1회 이상 평가·관리하도록 하는 것이다.

판례는 "중대재해처벌법 시행령 제4조 제5호 나목의 '안전보건관리책임자 등이 산업안전보건법에서 규정한 각각의 업무를 충실하게 수행하는지를 평가하는 기준'이란 안전보건관리책임자들이 산업안전보건법에 따른 의무를 제대로 수행하고 있는지에 대한 평가 항목을 의미한다고 할 것이다. 안전보건관리책임자 등은 사업장을 실질적으로 총괄하여 관리하는 사람(안전보건관리책임자), 사업장의 생산과 관련되는 업무와 그 소속 직원을 직접 지휘·감독하는 직위에 있는 사람(관리감독자), 사업장의 안전보건관리책임자로서 도급인의 근로자와 관계수급인 근로자의 산업재해를 예방하기 위한 업무를 총괄하여 관리하는 사람(안전보건총괄책임자)이므로, 이들에 대한 평가항목에는 산업안전보건법에 따른 업무수행 및 그 충실도를 반영할 수 있는 내용이 포함되어야 하고, 평가 기준은 이들에 대한 실질적인 평가가 이루어질 수 있도록 구체적·세부적이어야 한다"라고 판단하였다. (창원지방법원 2023. 11. 3. 선고 2022고단1429 판결)

자율점검 활동을 통해 안전보건관리책임자 등에 대한 평가가 이루어졌다는 주장에 대해 법원은 "현장소장이자 안전보건총괄책임자 및 안전보건관리책임자인 피고인 ○○○이 관리감독자로 하여금 유해·위험을 방지하기 위한 업무를 수행하도록 하지 않음으로써, 피해자가 임의로 안전모를 착용하지 않은 채 비정상적인 방법으로 작업하여 발생한 사고인바, 안전보건관리책임자 등의 산업안전보건법에 따른 업무수행과 관련한 평가 항목이 구체적으로 마련되어 있었다면, 근로자의 작업복·보호구 및 방호장치의 점검과 그 착용·사용에 관한 교육·지도, 위험성평가를 위한 유해·위험요인의 파악 및 개선조치 시행에 참여(관리감독자의 업무, 산업안전보건법 시행령 제15조), 근로자에 대한 안전보건교육에 관한 사항, 작업환경의 점검 및 개선에 관한 사항, 산업재해의 원인조사 및 재발 방지대책 수립에 관한 사항, 안전보건규칙에서 정하는 근로자의 위험 또는 건강장해의 방지에 관한 사항(안전보건관리책임자의 업무, 산업안전보건법 제15조 제1항) 등의 업무가 실효성 있게 이루어져 안전조치 의무위반 및 이에 따른 사고를 방지할 수 있었을 것이나 안전보건관리책임자 등이 산업안전보건법에 따른 의무를 제대로 수행하고 있는지에 대해 평가항목을 구성하는 등 실질적인 평가기준을 마련하였다고 보기 어렵다"라고 판단하였다. (춘천지방법원 2024. 8. 8. 선고 2022고단1445 판결)

또한, 법원은 "이 사건의 공사현장의 특성과 작업공정을 적절히 파악하고 이동식 크레인 기사 등이 해당작업을 수행하는 근로자들이 참여 등을 통해 실질적인 위험요인을 찾아내 평가할 수 없도록 하였다"(의정부지방법원 고양지원 2023. 10. 6. 2022고단 3255 판결), "평가기준 또한 마련하지 아니하여 관리소장 A가 종사자 D에게 안전모를 착용할 것을 지시하지 않은 채 사다리 작업을 하게 함으로써 추락에 의한 중대재해의 발생 위험을 제거하지 아니하였다"(서울북부지방법원 2023. 10. 12. 2023고단 2537), "관리감독자가 해당 업무를 충실하게 수행하는지 평가하는 기준을 전혀 마련하지 아니하여 협착 위험 등을 적절히 평가하고 안전사고를 방지하기 위한 방호장치 설치 또는 해체금지. 운전정지 등 조치를 이행하지 아니하였다"(대구지방법원 2024. 1. 16. 2023고단3905 판결)라고 판결하였다.

즉, 산업안전보건법에 따른 업무수행과 그 충실도를 반영하여 구체적·세부적으로 평가기준을 마련할 필요가 있다는 판결이다.

6. 종사자 의견 청취 절차 마련 및 필요한 조치

중대재해처벌법 시행령 제4조 제7호는 사업 또는 사업장의 안전·보건에 관한 사항에 대해 종사자의 의견을 듣는 절차를 마련하고, 그 절차에 따라 의견을 들어 재해 예방에 필요하다고 인정하는 경우에는 그에 대한 개선방안을 마련하여 이행하는지를 반기 1회 이상 점검한 후 필요한 조치를 할 것을 규정하고 있고 「산업안전보건법」 제24조에 따른 산업안전보건위원회 및 같은 법 제64조·제75조에 따른 안전 및 보건에 관한 협의체에서 사업 또는 사업장의 안전·보건에 관하여 논의하거나 심의·의결한 경우에는 해당 종사자의 의견을 들은 것으로 종사자 의견청취 및 개선방안 이행 조치의무를 다하는 것으로 보았다.

법원은 "중대재해처벌법 시행령 제4조 제7호는 산업안전보건법의 규정에서 더 나아가 근로자 또는 근로자대표뿐만 아니라 종사자의 의견을 청취하도록 하고 있으므로, 개인사업주 또는 경영책임자 등은 직접 고용한 근로자뿐 아니라 수급인 사업주 소속 근로자 특수형태근로종사자, 1인 자영업자 등 널리 개인사업주 또는 경영책임자 등의 사업장에서 노무를 제공하는 사람의 의견을 청취하는 절차를 마련하여야 하고, 종사자의 의견을 청취하고 난 후 그 의견을 반영할 것인지 여부 등을 판단하기 위한 방식이나 절차, 기준 등을 마련하여야 한다" (춘천지방법원 2024. 8. 8. 선고 2022고단1445 판결) "업체의 참여가 보장되지 않는 안전보건협의회는 중대재해처벌법 시행령 제7호 단서에서 정한 안전 및 보건에 관한 협의체에 해당한다고 볼 수 없다. 각 협력업체. 하수급업체의 현장소장 등이 그 소속 근로자들에게 당일 작업 시 유의할 사항을 일방적으로 전달하는 절차인 TBM(Tool Box Meeting) 역시 사업·사업장의 안전·보건에 관한 사항에 대해 종사자의 의견을 듣는 절차라고 할 수 없다" (창원지방법원통영지원 2024. 8. 21. 선고 2023고단95, 2023고단1448(병합) 판결) "개인사업주 또는 경영책임자 등은 직접 고용한 근로자뿐 아니라 수급인 사업주 소속 근로자 특수형태 근로종사자, 1인 자영업자 등 널리 개인사업주 또는 경영책임자 등의 사업장에서 노무를 제공하는 사람의 의견을 청취하는 절차를 마련하여야 하고 종사자의 의견을 청취하고 난 후 그 의견을 반영할 것인지 여부 등을 판단하기 위한 방식이나 절차, 기준 등을 마련하여야 한다. 노사협의체를 운영하여 종사자 의견을 청취하였다고 주장하나 회의록에 기재된 도급인은 임직원과 수급인의 대표자들이고 수급인 대표자가 참석한 것으로 위와 같은 절차만으로 종사자 의견을 들었다고 볼 수 없다"라고 판단하였다. (춘천지방법원 2024. 8. 8. 선고 2022고단1445 판결)

위 판결에서 시사하는 바는 일방적으로 전달하는 절차인 TBM은 사업·사업장의 안전·보건에 관한 사항에 대해 종사자의 의견을 듣는 절차를 마련한 것으로 볼 수 없고 종사자의 의견을 청취하고 난 후 그 의견을 반영할 것인지 여부 등에 대해 기준과 절차를 마련하여 운영해야 한다.

7. 급박한 위험에 대비한 매뉴얼 마련 및 점검

중대재해처벌법 시행령 제4조 제8호는 사업 또는 사업장에 중대산업재해가 발생하거나 발생할 급박한 위험이 있을 경우를 대비하여 다음 각 목의 조치에 관한 매뉴얼을 마련하고, 해당 매뉴얼에 따라 조치하는지를 반기 1회 이상 점검할 것으로 규정하고 작업중지, 근로자 대피, 위험요인 제거 등 대응조치, 중대산업재해를 입은 사람에 대한 구호조치, 추가 피해방지를 위한 조치 규정을 두었다.

법원은 "개구부를 통해 중량물을 인양함에 있어 안전난간을 해체하여 작업이 이루어짐에도 안전대가 지급되지 않았을 뿐만 아니라 안전대를 연결할 수 있는 부착설비가 전혀 설치되지 않아 언제든지 추락에 의한 중대산업재해가 발생할 수 있는 급박한 위험이 있음에도 안전보건관리책임자 등으로 하여금 작업을 중지하거나 그 즉시 그 추락위험을 제거하도록 하지 못하였다" (의정부지방법원 고양지원 2023. 4. 6. 선고 2022고단3254 판결) "회전축 방호장치가 약 1달 전 해체되어 회전축이 외부로 노출된 상태로 있어 언제든지 협착에 의한 중대산업재해가 발생할 수 있는 급박한 위험이 있음에도 작업중지, 위험요인 제거 등 대응조치에 관한 매뉴얼을 제대로 마련하지 아니하였다" (대구지방법원 2024. 1. 16. 선고 2023고단3905 판결) "안전관리계획서 외에 대응조치, 구호조치 및 추가 피해방지 조치 매뉴얼을 마련하지 않았고, 종사자들에게 공유한 것으로 보이지도 않았다"라고 판단하였다. (춘천지방법원 2024. 8. 8. 선고 2024고단1445 판결)

8. 도급, 용역, 위탁 등의 경우 종사자의 안전보건 확보를 위한 조치

중대재해처벌법 시행령 제4조 제9호는 제3자에게 업무의 도급, 용역, 위탁 등을 하는 경우에는 종사자의 안전·보건을 확보하기 위해 다음 각 목의 기준과 절차를 마련하고, 그 기준과 절차에 따라 도급, 용역, 위탁 등이 이루어지는지를 반기 1회 이상 점검할 것을 규정하고 이에 대한 절차 마련으로 도급, 용역, 위탁 등을 받는 자의 산업재해 예방을 위한 조치 능력과 기술에 관한 평가 기준·절차, 도급, 용역, 위탁 등을 받는 자의 안전·보건을 위한 관리비용에 관한 기준, 건설업 및 조선업의 경우 도급, 용역, 위탁 등을 받는 자의 안전·보건을 위한 공사기간 또는 건조 기간에 관한 기준을 마련하도록 하였다.

법원은 "제3자에게 업무의 도급 등을 하는 경우에는 종사자의 안전·보건을 확보하기 위하여 도급받는 자의 산업재해 예방을 위한 조치능력과 기술에 관한 평가 기준 및 절차를 전혀 마련하지 아니하여, 이 사건 관계수급인이 공사현장에 대한 위험성평가 조차할 수 없었음에도 도급을 맡겨 철근 콘크리트 공사를 진행하게 하였다." (의정부지방법원 고양지원 2023. 10. 6. 선고 2023고단3255 판결) "이 법 시행일 당시 도급을 받는 자의 안전보건을 위한 관리비용에 관한 기준을 세운 상태에서 그에 입각하여 이 사건 공사를 하도급할 업체를 평가하였다면, 자체적으로는 추락방호망이나 라이프라인 등 추락 방호장치를 설치할 수 있는 관리비용을 고려하지 않고 견적을 제출한 자에게 이 사건 공사를 하도급하지 않거나 최소한 그 관리비용을 계상하지 않은 상태로는 하도급하지 않았을 것이다"라고 판결하였다. (창원지방법원 통영지원 2024. 8. 21. 선고 2023고단95, 1448(병합) 판결)

9. 안전보건 관계 법령에 따른 의무이행에 필요한 관리상의 조치

중대재해처벌법 시행령 제5조는 안전·보건 관계 법령에 따른 의무이행에 필요한 관리상의 조치에 해당한다. 제5조는 안전·보건 관계 법령에 따른 의무를 이행했는지를 반기 1회 이상 점검 및 점검 또는 보고 결과 안전·보건 관계 법령에 따른 의무가 이행되지 않은 사실이 확인되는 경우에는 인력을 배치하거나 예산을 추가로 편성·집행하도록 하는 등 해당 의무이행에 필요한 조치를 할 것, 안전·보건 관계 법령에 따라 의무적으로 실시해야 하는 유해·위험한 작업에 관한 안전·보건에 관한 교육이 실시되었는지를 반기 1회 이상 점검하고, 직접 점검하지 않은 경우에는 점검이 끝난 후 지체 없이 점검 결과를 보고받을 것, 점검 또는 보고 결과 실시되지 않은 교육에 대해서는 지체 없이 그 이행의 지시, 예산의 확보 등 교육 실시에 필요한 조치를 할 것을 규정한다.

법원은 "안전·보건 관계 법령에 따른 의무를 이행했는지를 반기 1회 이상 점검한 다음 안전·보건 관계 법령에 따른 의무가 이행되지 않은 사실이 확인되는 경우에는 인력을 배치하거나 예산을 추가로 편성·집행하도록 하는 등 해당 의무이행에 필요한 조치를 하여야 함에도 불구하고 반기별 점검과정에서 중량물 취급 작업 시 작업계획서를 작성하지 않거나 크레인으로 중량물 인양 시 근로자 출입통제 조치가 이루어지지 않는 등 안전·보건 관계 법령에 따른 의무가 이행되지 않은 사실이 확인하였음에도 인력을 배치하거나 예산을 추가로 편성·집행하도록 하는 등 해당 의무이행에 필요한 조치를 하지 않았다" (울산지방법원 2024. 7. 4. 선고 2023고단5014 판결) "산업안전보건법 등 안전·보건 관계 법령에 따른 의무를 이행했는지를 반기 1회 이상 점검하거나 이에 대한 점검 결과를 보고 받지 아니하였고, 특별교육 대상인 거푸집 동바리의 조립 등 작업을 하는 종사자들에게 특별교육이 실시되었는지를 반기 1회 이상 점검하지 아니하는 등 안전·보건 관계 법령에 따른 의무이행에 필요한 관리상의 조치를 하지 아니하였고 재해예방에 필요한 안전보건관리체계의 구축 및 그 이행에 관한 조치, 안전·보건 관계 법령에 따른 의무이행에 필요한 관리상의 조치를 하지 아니하였다" (수원지방법원 평택지원 2024. 10. 16. 선고 2024고단220 판결) "유해·위험한 작업에 관한 안전·보건 교육이 실시되었는지 반기 1회 이상 점검해야 할 안전보건 확보의무가 있었으나 안전·보건 교육이 실시되었는지 반기 1회 이상 점검하지 아니하였다"라고 판단하였다. (춘천지방법원원주지원 2024. 11. 20. 선고 2024고단770 판결)

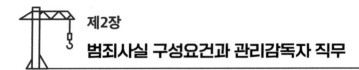

1. 고의성, 예견성, 인과관계

중대재해처벌법 제6조에 따라 중대산업재해 사업주 또는 경영책임자 등을 처벌하기 위해서는 사업주 또는 경영책임자들의 안전보건 확보의무 위반과 중대산업재해의 결과 사이에 상당인과관계가 있어야 한다.

법원은 "사업주 또는 경영책임자 등이 안전보건 확보의무에 따른 조치를 이행하였더라면 종사자의 사망이라는 결과가 발생하지 않았을 것이라는 관계가 인정될 때는 그러한 조치를 하지 않은 부작위와 중대산업재해의 결과 사이에 인과관계가 있는 것으로 보아야 할 것이다" (대법원 2015. 11. 12. 선고 2015도6809 전원합의체 판결 등 참조) 라고 판시하면서 "사업주 또는 경영책임자 등의 안전보건 확보의무 위반이 종사자의 사망이라는 결과를 발생하게 한 유일하거나 직접적인 원인이 된 경우만이 아니라, 안전보건 확보의무를 이행하지 아니한 부작위와 사망의 결과 사이에 피해자나 제3자의 과실 등 다른 사실이 개재된 데에도 그와 같은 사실이 통상 예견할 수 있어야 한다"라고 상당인과관계를 법리로 적용하였다.

(대법원 2014. 7. 24. 선고 2014도6206 판결)

중대재해재해처벌법 시행 이후 상당인과관계 관련 법원은 "공사현장에서 굴착기의 작업반경 내 공간에 출입금지 표지판, 울타리 등의 안전시설을 설치하여 근로자의 출입을 통제하거나 유도자를 배치하여 차량계 건설기계인 굴착기를 유도하였더라면 이 사건 중대산업재해의 발생을 방지할 수 있었을 것으로 보인다. 그런데 위와 같은 인력과 시설을 구비하려면 반드시 그에 상응하는 비용을 지출하여야 하므로, 피고인이 유도자 인건비 예산을 편성하지 아니하고 안전시설비 예산이 용도에 맞게 집행되도록 하지 아니한 것은 이 사건 공사현장에 안전시설이 설치되지 아니하고 유도자가 배치되지 아니한 주요 원인이 되었다고 평가할 수 있다. 또한 위와 같은 인력과 시설을 구비하는데 필요한 예산이 편성되거나 제대로 집행되지 않은 상황에서 해당 차량계 건설기계에 종사자가 접촉되어 부딪칠 위험이 있는 장소에 출입을 통제하거나 유도자를 배치하는 등의 조치를 취하지 아니한 것은 통상 예견될 수 있는 업무상 과실 내지 의무위반행위에 해당하므로, 위와 같은 안전보건총괄책임자 또는 안전보건관리책임자의 안전보건 조치의무 위반 사실이 개재되었다는 사정은 안전보건 확보의무 위반과 이 사건 중대산업재해의 결과 사이의 상당인과관계를 부정할 사유가 될 수 없다" (창원지방법원 마산지원 2023. 8. 25. 선고 2023고합8 판결) "안전보건관리 컨설팅 업체에 안전보건관리체계 구축을 의뢰하였으나 컨설팅 업체의 거듭된 요청에도 불구하고 관련 자료를 제공하지 않는 등 컨설팅 업무에 적극적으로 협조하지 않았고, 이로 인해 안전보건관리체계 구축 업무의 진행이 지지부진하던 중 이 사건 중대산업재해가 발생한 사실을 인정할 수 있다. 위와 같은 사실에 비추어 보면, 안전보건관리체계가 구축되지 않은 채 사업이 이루어지고 있다는 사실을 알면서 이를 방치한다는 인식이 있었다고 봄이 타당하고 중대산업재해 발생 장소는 협소한 공간에서 굴착기, 덤프트럭 등 대형 장비에 의한 터파기 작업이 이루어지는 등으로 사고 발생 위험이 높았고, 안전보건관리책임자 등과 상당수의 종사자들도 그 위험성을 인식하고 있었던 것으로 보이므로, 중대산업재해 발생에 관한 예견 가능성도 있었다고 판단된다. 이런 점들을 종합해 보면, 중대재해처벌등에관한법률위반(산업재해치사)의 고의가 있었음을 인정할 수 있다"라고 판단하였다. (창원지방법원 마산지원 2023. 8. 25. 선고 2023고합8 판결)

또한, "안전조치의무 위반이 피해자로 하여금 추락방지 시설이 전혀 되어 있지 않은 상태로 강관비계를 타고 올라갈 수밖에 없게 하였고 그로 인하여 피해자가 추락하여 사망에 이르게 되었다고 인정된다. 피고인들이 만들어 놓은 이러한 위험한 현장에서 건물 내부 계단의 존재가 있음에도 피해자가 이를 이용하지 않았다고 하여 피고인들의 안전조치의무 위반과 피해자 사망 사이에 인과관계가 단절된다고 할 수 없다" (인천지법 2023. 7. 4. 선고 2022고단4906 판결)

법원은 "개별적이고 구체적인 작업공정에서 산업안전보건기준에 관한 규칙이 정하고 있는 필요한 안전조치들이 예외 없이 지켜지고 있는지 인식하는 것에 어려움이 있을 것으로 보이기는 하나, 중량물 취급 시 이루어져야 하는 위험성평가 및 안전대책이 반영된 중량물 작업계획서의 작성, 작업지휘자 지정 후 그에 따른 안전보건조치 등은 개별 특수 공정에서만 적용되는 것이 아닌 중량물을 취급하는 일반 대부분의 사업장에 적용되는 의무로서 이와 같은 의무들이 지켜질 수 있는 여건을 조성할 권한과 책임이 있는 안전보건총괄책임자인 피고인이 그러한 책임을 다하지 못하였다면 미필적으로나마 그 의무위반을 알고도 방치하였다고 평가할 수 있다"라고 판단하였다. (울산지법 2023. 3. 6. 선고 2021고단3867 판결)

　판례에서 시사하는 바는 안전조치의무 위반으로 인하여 피해자가 추락하는 등 사망에 이르게 되었다면 인과관계가 인정됨을 알 수 있다.

2. 종사자에 대한 특별안전·보건 교육

안전보건 교육은 교육대상자별로 교육 내용이 정해져 있다. 근로자 안전보건 교육의 경우 정기교육, 채용 시 교육 및 작업내용 변경 시 교육, 특별교육 대상 작업별 교육이 해당한다. 관리감독자 안전보건 교육의 경우 정기교육, 채용 시 교육 및 작업내용 변경 시 교육, 특별교육 대상 작업별 교육이 해당한다. 안전보건관리책임자 등에 대한 교육은 신규과정 및 보수과정을 이수해야 하고 특수형태 근로자에 대한 안전보건 교육은 최초 노무 제공 시 교육과 특별교육 대상 작업별 교육이 있다.

종사자들이 현장에서 작업내용을 이해하고 안전 수칙을 준수하기 위해서는 안전교육이 필수이나 관리감독자가 현장작업을 겸하고 있어 제대로 된 교육을 현장에서 이행하지 않는 경우도 있다. 종사자 교육 관련 중대재해처벌법 시행령 제5조는 안전·보건 관계 법령에 따른 의무이행에 필요한 관리상의 조치로서 안전·보건 관계 법령에 따라 의무적으로 실시해야 하는 유해·위험한 작업에 관한 안전·보건에 관한 교육이 실시되었는지를 반기 1회 이상 점검하고, 점검 또는 보고 결과 시행되지 않은 교육에 대해서는 바로 그 이행의 지시 교육 시행 등 필요한 조치를 할 것으로 규정한다. 종사자에 대한 특별안전·보건 교육 관련 법원의 판단은 다음과 같다.

법원은 "굴뚝 등 해체작업 등에 필요한 안전에 관한 기술적인 사항·이 사건 공사현장의 안전교육 계획의 수립·안전교육 실시·사업장 순회점검 등에 관한 안전관리자의 보좌 및 지도·조언업무에 소홀하였다" (제주지방법원 2023. 10. 18. 선고 2023고단146 판결) "특별관리물질 취급하도록 하면서 그 물질이 특별관리물질이라는 사실과 발암성 물질, 생식세포 변이원성 물질 또는 생식독성 물질 등 중 어느 것에 해당하는지에 관한 내용을 게시판 등을 통하여 근로자에게 알리지 아니함 이로써 피고인은 근로자의 건강장해를 예방하기 위하여, 필요한 보건 조치를 하지 아니하였다" (창원지방법원 2023. 11. 3. 선고 2022고단 1429 판결) "다이캐스팅 기계의 문을 열고 작업을 할 경우에 기계가 불시에 기동하여 끼임 재해가 발생할 위험 관련, 외국인 근로자인 피해자도 그 위험을 제대로 교육받지 못해서 이 사건 사고를 당하게 되었다" (울산지방법원 2024. 4. 4. 선고 2022고단4497 판결) "임의로 안전모를 착용하지 않은 채 비정상적인 방법으로 작업하여 발생한 사고인바, 근로자의 작업복·보호구 및 방호장치의 점검과 그 착용·사용에 관한 교육·지도 등 업무가 실효성 있게 이루어져 안전조치의무위반 및 이에 따른 사고를 방지할 수 있었을 것으로 보인다" (춘천지방법원 2024. 8. 8. 선고 2022고단144 판결) "하역운반기계 5대 이상 보유 사업장에서 근로자당 16시간 특별안전보건교육 미실시하였다"라고 판단하였다. (광주지방법원 2024. 9. 26. 선고 2024고단1482 판결)

위 판례의 시사점은 작업자들이 현장에서 안전하게 노무를 제공할 수 있도록 위험작업 등에 대해 작업방법, 작업순서, 작업절차 등을 설명하여야 하고 혼재된 작업에서는 출입을 금지하는 등 적절한 안전조치를 하는 것을 의미한다. 그럼에도 불구하고 종사자에 대한 특별안전·보건 교육이 실시되지 아니하여 사고가 발생하였고 결과적으로 사업주에게 안전조치 위반의 책임으로 나타났다.

3. 관리감독자의 구체적인 직무

중대재해처벌법 시행령 제4조 제5호 '나' 목에서는 안전보건관리책임자 등이 해당 업무를 충실하게 수행하는지를 평가하는 기준을 마련하고, 그 기준에 따라 반기 1회 이상 평가·관리하도록 규정하고 있다.

사업장에서는 안전보건관리책임자, 관리감독자, 안전보건총괄책임자의 업무수행에 대해 평가 항목과 평가지표를 마련하여 운영하고 있거나 전혀 마련하지 않는 경우가 있다. 법원은 "안전보건관리책임자 등이 해당 업무를 충실하게 수행하는지 평가하는 기준을 마련하지 아니한 결과 안전보건관리책임자가 이 사건 공사 현장의 지하 3층 환기구의 위험 요인을 확인 및 개선하지 못하였을 뿐 아니라, 안전난간, 울타리, 추락방호망 등 추락 방호조치를 취하지 않았고 근로자들에게 안전모, 안전대등 착용하게 하고 안전대 걸이를 설치하는 등의 안전조치의무도 이행하지 않게 했다" (서울중앙지방법원 2023. 11. 21. 선고 2023고단3237 판결) 라고 판단하고 있는바, 평가지표가 마련되지 않아 산업안전보건법상 직접적인 안전조치가 되지 않았다는 것으로 해석해 볼 수 있다.

건물 등의 해체작업에서 관리감독자의 구체적인 직무 관련 법원은 "작업계획서에 필요한 건물의 구조, 주변 상황 등 해당 작업에 대한 사전조사를 실시하지 아니하여 수직 구조물인 높이 12m 상당의 굴뚝 및 위 굴뚝 등 해체작업에서 발생하는 위험요인을 작업계획서에 전혀 반영하지 못하고, 전도 및 붕괴위험이 높은 굴뚝 구조물의 안전진단 등 안전성 평가를 실시하지 않은 채 굴뚝 해체를 지시하여 안전사고가 발생했다. 안전보건관리책임자 등에게 건물 등의 해체작업 전에 작업계획서 작성 여부를 확인하도록 하고 그 계획에 따라 작업을 지시하도록 하는 실질적인 권한과 예산을 부여하지 않고, 안전보건관리책임자 등이 해당 업무를 충실하게 수행하는지 평가하는 기준을 전혀 마련하지 아니하여 안전보건관리책임자, 관리감독자, 안전관리자 등으로 하여금 해체 구조물에 대하여 사전조사 없이 작업계획서를 작성하도록 하거나 현장에 인력을 적정하게 배치하지 못하게 하였다"라고 판결하였다. (제주지방법원 2023. 10. 18. 선고 2023고단146 판결)

위 판결에서 시사하는 바는 관리감독자는 산업안전보건법 시행령 제15조에는 관리감독자의 구체적인 직무가 규정되어 있고 제1항 제7호에는 '그 밖에 해당 작업의 안전 및 보건에 관한 사항으로서 고용노동부령으로 정하는 사항'으로 정하고 있으므로 이에 대한 직무를 충실히 이행해야 함을 설명하고 있다.

이때 고용부령으로 정하는 사항이란 산업안전보건기준에 관한 규칙 제35조(관리감독자의 유해·위험 방지업무 등)에서【별표 3】이 정하는 바에 따라 작업을 시작하기 전에 관리감독자로 하여금 필요한 사항을 점검하도록 하여야 하고, 제38조(사전조사 및 작업계획서의 작성 등)에서【별표 4】에 따라 해당 작업, 작업장의 지형·지반 및 지층상태 등에 대한 사전 조사를 하고【별표 4】의 구분에 따른 사항을 포함한 작업계획서를 작성하고 그 계획에 따라 작업을 하도록 해야 함을 설명한다.

제주지방법원 2023고단146 판결에서 관리감독자가 건물 등의 해체작업에서 작업계획서를 작성하여 작업자에게 해체의 방법 및 해체 순서도면, 해체물의 처분계획, 해체작업용 기계·기구 등의 작업계획서 등 규정을 준수하지 아니하여 사고에 이르렀다는 점이다. 결국 현장에서 직접적인 안전조치가 이행되지 않아 사고가 발생한 것으로 판단하였다.

　법원은 "평가기준이 마련되지 않아 종사자에게 안전모를 착용할 것을 지시하지 않아 사다리 작업을 하게 함으로써 추락에 의한 중대재해의 발생 위험을 제거하지 아니하였다" (서울북부지방법원 2023. 10. 12. 선고 2023고단2537 판결) "안전보건관리책임자 해당하는 업무를 충실히 수행하는지 평가기준을 전혀 마련하지 않아 레인 기사 등이 해당 작업을 수행하는 근로자들이 참여 등을 통해 실질적인 위험요인을 찾아내 평가할 수 없도록 하였다" (의정부지방법원 고양지원 2023. 10. 6. 선고 2022고단3255 판결) "관리감독자가 해당 업무를 충실하게 수행하는지 평가하는 기준을 전혀 마련하지 아니하여 관리감독자가 협착 위험 등을 적절히 평가하고 안전사고를 방지하기 위한 방호장치 설치 또는 해체금지. 운전정지 등 조치를 이행하지 아니하였다" (대구지방법원 2024. 1. 16. 선고 2023고단3905 판결) "관리감독자가 산업안전보건법에 규정한 업무를 사업장에서 충실히 수행하는지를 평가하는 기준을 마련하지 아니하여 방호장치에 결함이 있음을 인식하고 있었음에도 해당 유해·위험요인의 제거 등을 위한 필요한 조치를 취하지 아니하였다" (울산지방법원 2024. 4. 4. 선고 2022고단4497 판결) 등 다수의 판결에서 평가기준을 마련하지 않아 현장에서 안전조치를 이행할 수 없다는 내용으로 판결하였다.

제4편

산업안전보건법 위반이 매개된 경우 중대재해처벌법 위반 판례

제1장
제조업

1. 차량계 하역운반기계(지게차) 사고

중대재해처벌법 제4조 및 제5조, 같은 법 시행령 제4조, 제5조에서 상시
근로자가 5인 이상인 사업 또는 사업장의 사업주 또는 경영책임자 등이
준수하여야 할 안전·보건확보의무를 규정하였고 중대재해처벌법 제6조,
제7조에는 경영책임자가 안전·보건확보의무를 이행하지 아니하여 중대
산업재해가 발생한 경우, 사업주나 경영책임자를 처벌할 수 있도록 규정
하고 있다.

앞장에서 법원은 산업안전보건법 위반이 매개된 중대재해처벌법 위반
(산업재해치사) 사건에서 경영책임자의 중대재해처벌법상 안전·보건확
보의무위반의 결과로서 현장에서 산업안전보건법상 구체적인 안전·보
건 조치의무를 이행하지 아니하여 중대산업재해에 이르게 되었다는 구조
에 관해 설명한 바 있다. 즉 다단계적 인과관계의 법리를 제시하고 있는
구조이다.

제4편에서는 산업안전보건법 위반이 매개된 이 사건 사고에서 사업주

가 이행하였어야 하는 산업안전보건법상 구체적인 보건조치의무 관련 규정에 대한 법원 판례를 분석하고자 한다.

산업용 칼날 제조업으로 회사 공장의 250톤 프레스 생산라인 현장에서 차량계 하역 운반기계인 지게차를 조종하여 자재를 운반하는 작업을 하면서 전·후방 등 주위를 제대로 주시하지 아니하고 조종한 업무상 과실로 지게차 백 레스트 사이에 피해자의 하반신이 끼임으로 치료 중 사망한 사고가 발생했다.

이에 대해 법원은 안전·보건조치 의무, 산업안전보건법 위반, 중대재해처벌법 위반에 대해 다음과 같이 판결하였다. (광주지방법원 2024. 9. 26. 선고 2024고단1482 판결)

가. 안전·보건조치 의무

사업주는 지게차 등 차량계 하역운반기계 등을 사용하는 작업을 하는 경우 근로자의 위험을 방지하기 위하여 작업계획서를 작성한 후 그 계획에 따라 작업을 하도록 하여야 하며, 작업계획서를 작성한 경우 작업지휘자를 지정하여 작업계획서에 따라 작업을 지휘하도록 하여야 하고, 지게차 등 건설기계관리법에 따른 건설기계를 사용하는 작업의 경우 그 작업에 필요한 자격·면허·경험 또는 기능을 가진 근로자가 아닌 사람에게 그 작업을 하게 해서는 아니된다.

나. 산업안전보건법

사업주는 굴착, 채석, 하역, 벌목, 운송, 조작, 운반, 해체, 중량물 취급,

그 밖의 작업을 할 때 불량한 작업방법 등에 의한 위험으로 인한 산업재해를 예방하는 데 필요한 조치를 하여야 한다. (산업안전보건법 제38조, 제2항) 본 건 사고 관련된 산업안전보건기준에 관한 규칙 적용은 다음과 같다.

산업안전보건기준에 관한 규칙

■ 산업안전보건기준에 관한 규칙 제38조(사전조사 및 작업계획서의 작성 등) ① 사업주는 다음 각호의 작업을 하는 경우 근로자의 위험을 방지하기 위하여【별표 4】에 따라 해당 작업, 작업장의 지형·지반 및 지층상태 등에 대한 사전조사를 하고 그 결과를 기록·보존해야 하며, 조사결과를 고려하여【별표 4】의 구분에 따른 사항을 포함한 작업계획서를 작성하고 그 계획에 따라 작업을 하도록 해야 한다.
3. 차량계 건설기계를 사용하는 작업
제39조(작업지휘자의 지정) 사업주는 제38조 제1항 제2호·제6호·제8호·제10호 및 제11호의 작업계획서를 작성한 경우 작업지휘자를 지정하여 작업계획서에 따라 작업을 지휘하도록 해야 한다.

다. 중대재해처벌법

① (중대재해처벌법 시행령 제4조 제3호) 사업장 특성상 지게차 충돌 위험이 있음에도 이를 확인, 개선하는 업무절차를 마련하지 아니하였고, 위험성 평가를 실시하기는 하였으나 그 내용이 부적정할 뿐 아니라 반기 1회 이상 점검하지도 아니함

② (중대재해처벌법 시행령 제4조 제4호) 재해예방에 필요한 예산을 편성하거나 이를 집행한 사실이 없음

③ (중대재해처벌법 시행령 제4조 제7호) 본 건 프레스 가공 현장의 안전·보건에 관한 사항에 대해 종사자의 의견을 듣지 아니하였고, '외

국인 지게차 운전의 위험성'에 대해 구두로 보고를 받았으나 아무런 조치를 하지 아니함
④ (중대재해처벌법 시행령 제5조) 운반용 등 하역기계를 5대 이상 보유한 사업장에서 해당 기계를 이용한 작업은 근로자당 16시간의 특별안전보건 교육을 실시하여야 하나 A로 하여금 위와 같은 교육을 실시하지 아니하였음에도 이를 점검하지 아니함

위 사고에서 중대재해처벌법 및 산업안전보건법 관계는 다음과 같이 설명된다.

중대재해처벌법	산업안전보건법	결과
• 사업장 특성상 확인, 개선하는 업무절차를 마련하지 아니하였고, 위험성 평가를 실시하기는 하였으나 그 내용이 부적정할 뿐 아니라 반기 1회 이상 점검하지도 아니함 • 재해예방에 필요한 예산을 편성하거나 이를 집행한 사실이 없음 • 안전·보건에 관한 사항에 대해 종사자의 의견을 듣지 아니함 • 운반용 등 하역기계를 5대 이상 보유한 사업장에서 해당 기계를 이용한 작업은 근로자당 16시간의 특별안전보건 교육을 실시하지 아니함	• 작업계획서 미작성 • 작업지휘자 미배치	사상

2. 크레인 인양 시 중량물 낙하 사고

발전설비 부품 제조업으로 열교환기 본체 작업 시 천장 주행 크레인으로 인양한 후 롤러 아래 H-BEAM(높이 약 25cm)을 추가하여 찬넬의 위치를 높이는 작업을 하게 되는데, 높이 조정 작업을 하는 과정에서 크레인을 이용하여 찬넬(4.37t) 인양 작업 중 크레인에 연결된 섬유 벨트가 끊어지면서 찬넬이 낙하하여 사망한 사고가 발생했다.

법원은 안전·보건조치 의무, 산업안전보건법 위반, 중대재해처벌법 위반에 대해 다음과 같이 판결하였다. (울산지방법원 2024. 7. 4. 선고 2023고단5014 판결)

가. 안전·보건조치 의무

중량물의 취급작업을 하는 경우 근로자의 위험을 방지하기 위하여 낙하, 협착 등 위험을 예방할 수 있는 안전대책을 포함한 작업계획서를 작성하고, 작업지휘자를 지정하여 그 계획에 따라 작업을 하도록 하여야 하며, 크레인을 사용하여 작업하는 경우 미리 근로자의 출입을 통제하여 인양 중인 중량물이 작업자의 머리 위로 통과하지 않도록 조치하여야 한다.

도급사업주는 관계수급인 근로자가 도급인의 사업장에서 작업을 하는 경우 관계수급인 근로자의 산업재해를 예방하기 위하여 위와 같은 조치를 하여야 한다. 이에 따라 사업주는 현장에서 제작 공정에 대해 소속 근로자를 직접 지휘·감독하는 자로서 위와 같이 중량물 취급 작업 시 작업계획서를 작성하고, 크레인으로 중량물을 인양할 경우 근로자의 출입을 통제하는 등 피해자들의 작업을 지휘·감독하여 사고를 미리 방지하여야 하는 안전조치의무 및 업무상 주의의무가 있다.

나. 산업안전보건법

사업주는 물체가 떨어지거나 날아올 위험이 있는 장소에서 작업할 때 발생할 수 있는 산업재해를 예방하는 데 필요한 조치를 하여야 한다. (산업안전보건법 제38조, 제1항, 제3항) 본 건 사고 관련된 산업안전보건기준에 관한 규칙 적용은 다음과 같다.

산업안전보건기준에 관한 규칙
■ 제38조(사전조사 및 작업계획서의 작성 등) ① 사업주는 다음 각호의 작업을 하는 경우 근로자의 위험을 방지하기 위하여【별표 4】에 따라 해당 작업, 작업장의 지형·지반 및 지층상태 등에 대한 사전조사를 하고 그 결과를 기록·보존해야 하며, 조사결과를 고려하여【별표 4】의 구분에 따른 사항을 포함한 작업계획서를 작성하고 그 계획에 따라 작업을 하도록 해야 한다. 11. 중량물의 취급작업 ③ 사업주는 근로자가 다음 각 호의 어느 하나에 해당하는 장소에서 작업을 할 때 발생할 수 있는 산업재해를 예방하기 위하여 필요한 조치를 하여야 한다. 3. 물체가 떨어지거나 날아올 위험이 있는 장소 ■ 제20조(출입의 금지 등) 작업 또는 장소에 울타리를 설치하는 등 관계 근로자가 아닌 사람의 출입을 금지해야 한다.

법원은 구체적인 산업안전보건법의 위반사항에 대해 "찬넬을 인양한 섬유벨트의 적합한 줄걸이 방법, 근로자작업 위치 등 중량물 낙하위험을 방지하기 위한 안전대책을 포함한 작업계획서를 작성하지 아니하여 피해자들로 하여금 임의로 작업방식을 선택하도록 하였다. 야간작업 시간에 용접작업을 한다는 사실을 잘 알고 있었음에도 작업현장에 안전 관련 사

항을 지휘·감독을 할 수 있는 관리자를 전혀 배치하지 않고, 크레인으로 인양 중인 찬넬이 피해자들의 머리 위로 통과하지 않도록 근로자 출입통제 등의 조치를 하지 아니한 과실로, 크레인에 연결된 섬유벨트가 끊어지면서 찬넬이 낙하하여 근로자가 사망하였다"라고 판단하였다. (울산지방법원 2024. 7. 4. 선고 2023고단5014 판결)

다. 중대재해처벌법

① (중대재해처벌법 시행령 제4조 제3호) 유해·위험요인 확인 및 개선을 위한 위험성 평가 업무절차를 마련하였으나, 유해·위험요인 확인 및 평가, 대책 수립 등 업무를 관리감독자(각 팀장)가 하도록 규정하였음에도 실제 안전관리자가 위 업무를 수행하고, 중량물 취급작업 시 작업계획서 작성이 필요하다는 지적이 있었음에도 반기별 점검과정에서 이를 개선하는 데 필요한 조치를 하지 않았음

② (중대재해처벌법 시행령 제4조 제5호) 관리감독자가 해당 업무를 충실하게 수행하는지 평가하는 기준을 마련하지 않았음

③ (중대재해처벌법 시행령 제4조 제9호) 수급인이 중량물 취급작업 시 작업계획서를 작성하지 않거나 크레인으로 중량물 인양 시 근로자 출입통제 등의 조치를 하고 있지 않다는 사실을 알면서도 이에 대한 산업재해 예방을 위한 조치능력과 기술에 관한 평가 기준·절차를 마련하지 않은 채 도급 개별계약을 체결함

④ (중대재해처벌법 제4조 제1항 제4호) 안전·보건 관계 법령에 따른 의무이행에 필요한 관리상 조치에 해당하는 것으로 반기별 점검과정에서 중량물 취급작업 시 작업계획서를 작성하지 않거나 크레인

으로 중량물 인양 시 근로자 출입통제 조치가 이루어지지 않는 등 안전·보건 관계 법령에 따른 의무가 이행되지 않은 사실이 확인하였음에도 인력을 배치하거나 예산을 추가로 편성·집행하도록 하는 등 해당 의무이행에 필요한 조치를 하지 않음

위 사고에서 중대재해처벌법 및 산업안전보건법 관계는 다음과 같이 설명된다.

중대재해처벌법	산업안전보건법	결과
• 유해·위험요인 확인 및 평가, 대책 수립 등 업무를 관리감독자(각 팀장)가 하도록 규정하였음에도 실제 안전관리자가 위 업무를 수행하고, 중량물 취급 작업 시 작업계획서 작성이 필요하다는 지적이 있었음에도 반기별 점검과정에서 이를 개선하기 위해 필요한 조치를 하지 않았음 • 관리감독자가 해당 업무를 충실하게 수행하는지 평가하는 기준을 마련하지 않았음 • 수급인 산업재해 예방을 위한 조치능력과 기술에 관한 평기기준·절차를 마련하지 않은 채 도급 개별계약을 체결함 • 안전·보건 관계 법령에 따른 의무가 이행되지 않은 사실을 확인하였음에도 인력을 배치하거나 예산을 추가로 편성·집행하도록 하는 등 해당 의무이행에 필요한 조치를 하지 않음	• 중량물작업계획서 미작성 • 출입금지 미이행	사상

3. 안전문 방호장치 파손에 의한 사고

공장 다이캐스팅(주조) 기계 중 일부의 안전문 방호장치(리미트스위치)가 파손되어 안전문을 열어도 기계작동이 멈추지 않는 결함이 있음을 인식하고 있었고, 그에 따라 다이캐스팅 기계작동 중 필수적으로 수반되는 금형 청소 작업 시 안전문을 열어도 기계작동이 멈추지 않아 금형 사이 작업자 협착 사고가 발생했다.

법원은 안전·보건조치 의무, 산업안전보건법 위반, 중대재해처벌법 위반에 대해 다음과 같이 판결하였다. (울산지방법원 2024. 4. 4. 선고 2022 고단4497 판결)

가. 안전·보건조치 의무

사업주는 기계 또는 방호장치의 결함이 발견된 경우에는 반드시 정비한 후에 근로자가 사용하도록 하여야 하고, 공작기계·수송기계·건설기계 등의 정비·청소·급유·검사·수리·교체 또는 조정 작업, 그 밖에 이와 유사한 작업을 할 때 근로자가 위험해질 우려가 있으면 해당 기계의 운전을 정지하여야 한다.

그럼에도 불구하고 피고인은 해당 방호장치를 정비하지 않고, 금형 청소작업 시 반드시 해당 기계의 운전을 정지하도록 하는 등 기계·기구, 그 밖의 설비에 의한 위험으로 인한 산업재해를 예방하는 데 필요한 안전조치의무가 있다.

나. 산업안전보건법

사업주는 기계·기구, 그 밖의 설비에 의한 위험에 해당하는 위험으로 인한 산업재해를 예방하는 데 필요한 조치를 하여야 한다. (산업안전보건법 제38조 제1항 제1호)

본 건 사고 관련된 산업안전보건기준에 관한 규칙 적용은 다음과 같다.

산업안전보건기준에 관한 규칙
■ 제92조(정비 등의 작업 시의 운전정지 등) ① 사업주는 동력으로 작동되는 기계의 정비·청소·급유·검사·수리·교체 또는 조정 작업 또는 그 밖에 이와 유사한 작업을 할 때에 근로자가 위험해질 우려가 있으면 해당 기계의 운전을 정지하여야 한다.

법원은 구체적인 산업안전보건법의 위반사항에 대해 다음과 같이 판결하였다. "회사의 안전점검을 위탁받은 대한산업안전협회의 안전관리 상태 보고서 등을 통해 위 공장 다이캐스팅(주조) 기계 중 일부의 안전문 방호장치(리미트스위치)가 파손되어 안전문을 열어도 기계작동이 멈추지 않는 결함이 있음을 인식하고 있었고 ……중간생략…… 평소 회사 조직 체계상 일일 회의, 작업일보 등 보고를 받아 공장 내 생산 및 안전과 관련된 현황을 파악하고 있었다. 그럼에도 불구하고 해당 방호장치를 정비하지 않고, 금형 청소작업 시 반드시 해당 기계의 운전을 정지하도록 하는 등 기계·기구, 그 밖의 설비에 의한 위험으로 인한 산업재해를 예방하기 위하여 필요한 안전조치를 하지 않았다. 안전관리 상태 보고서에는 '다이캐스팅 등 운전 중 청소작업 시 설비 작동에 의한 끼임 재해 발생 위험성 있으니, 슬러그 제거 등 운전 중 청소작업을 하는 사례가 없도록 철저히

관리하시기 바라고, 주조기 등 운전 중 슬러그 제거작업을 하지 않도록 관리하기 바랍니다' 보고서에서는 '다이캐스팅 기계의 문을 열고 작업을 할 경우에 기계가 불시에 기동하여 끼임 재해가 발생할 위험이 있고, 최근 울산에서 중대재해가 발생하였으므로, 끼임 사고를 예방하기 위해서 문이 개방될 경우 작동이 멈추는 인터록 장치가 설치되어야 하고, 작업자는 인터록 안전장치를 임의로 해제하여 사용해서는 아니 되므로 안전 조치사항을 중점 관리하기 바랍니다'라는 내용까지 있었다"라고 판단하였다. (울산지방법원 2024. 4. 4. 선고 2022고단4497 판결)

다. 중대재해처벌법

① (중대재해처벌법 시행령 제4조 제3호) 다이캐스팅 기계 안전문 방호장치에 결함이 있음을 인식하고 있었음에도 해당 유해·위험요인의 제거 등을 위한 필요한 조치를 취하지 아니하였음

② (중대재해처벌법 시행령 제4조 제5호) 관리감독자가 산업안전보건법에 규정한 업무를 사업장에서 충실히 수행하는지를 평가하는 기준을 마련하지 아니함

③ (중대재해처벌법 시행령 제4조 제8호) 다이캐스팅 기계 안전문 방호장치의 결함에 따라 안전문이 개방된 상태에서 협착 위험이 높은 다이캐스팅 기계가 작동하고 있어 이를 점검한 대한산업안전협회가 '사고 발생 위험성 높음', '작업을 지속하려면 즉시 개선이 필요한 상태'라고 수회 평가하는 등 사업장에 중대산업재해가 발생할 급박한 위험이 있음에도 불구하고 이를 대비하여 작업중지, 근로자 대피, 위험요인 제거 등 대응조치에 관한 매뉴얼을 마련하지 아니함

④ (중대재해처벌법 제5조 제2항) 다이캐스팅 기계 안전문 방호장치의 결함으로 산업안전보건법에 따른 의무가 이행되지 않는 사실을 인식하였음에도 인력을 배치하거나 예산을 추가로 편성·집행하는 등 의무이행에 필요한 관리상의 조치를 취하지 아니함

위 사고에서 중대재해처벌법 및 산업안전보건법 관계는 다음과 같이 설명된다.

중대재해처벌법	산업안전보건법	결과
• 유해·위험요인의 제거 등을 위한 필요한 조치를 취하지 아니함 • 관리감독자가 해당 업무를 충실하게 수행하는지 평가하는 기준을 마련하지 않았음 • 작업 중지, 근로자 대피, 위험요인 제거 등 대응조치에 관한 매뉴얼을 마련하지 아니함 • 인력을 배치하거나 예산을 추가로 편성·집행하는 등 의무이행에 필요한 관리상의 조치를 취하지 아니함	정비 등의 작업 시의 운전정지를 하지 아니함	사상

제2장
건설업

1. 오수관로 매설 작업 중 토사 붕괴 사고

오수관로 매설을 위한 굴착저면에서 사업주는 2m 이상 굴착작업에 대한 작업계획서를 작성하지 아니하고 굴착면 기울기를 준수하지 않는 등 안전보건관리책임자의 책무를 소홀히 하였고, 공사현장의 위험이나 개선 사항을 가장 잘 알고 있는 현장 종사자의 의견이 작업절차에 반영되지 않아 오수관로 매설 작업 중 토사가 붕괴되어 매몰된 사고가 발생했다.

법원은 안전·보건조치 의무, 산업안전보건법 위반, 중대재해처벌법 위반에 대해 다음과 같이 판결하였다. (서울서부지방법원 2024. 10. 30. 선고 2024고단1038 판결)

가. 안전·보건조치 의무

사업주는 굴착면의 높이가 2m 이상이 되는 지반의 굴착작업을 하는 경우 근로자의 위험을 방지하기 위하여 굴착방법 및 순서, 토사 반출 방법, 필요한 인원 및 장비사용계획, 매설물 등에 대한 이설 보호대책, 사업장 내 연락방법 및 신호방법, 흙막이 지보공 설치방법 및 계측계획, 작업지휘자의 배치계획, 그 밖에 안전·보건에 관련된 사항을 포함한 작업계획서를 작성하고 그 계획에 따라 작업을 하도록 하여야 하고, 지반 등을 굴착하는 경우에는 굴착면의 기울기를 보통 흙 습지 지반의 경우 1:1~1.5(45~34°)의 기준에 맞도록 하거나, 흙막이 등 기울기면의 붕괴 방지를 위하여 적절한 조치를 하여야 한다.

나. 산업안전보건법

사업주는 굴착, 채석, 하역, 벌목, 운송, 조작, 운반, 해체, 중량물 취급, 그 밖의 작업을 할 때 불량한 작업방법 등에 의한 위험으로 인한 산업재해를 예방하는 데 필요한 조치를 하여야 한다. (산업안전보건법 제38조 제2항)

본 건 사고 관련된 산업안전보건기준에 관한 규칙 적용은 다음과 같다.

산업안전보건기준에 관한 규칙
■ 제38조(사전조사 및 작업계획서의 작성 등) ① 사업주는 다음 각 호의 작업을 하는 경우 근로자의 위험을 방지하기 위하여【별표 4】에 따라 해당 작업, 작업장의 지형·지반 및 지층 상태 등에 대한 사전조사를 하고 그 결과를 기록·보존해야 하며, 조사결과를 고려하여【별표 4】의 구분에 따른 사항을 포함한 작업계획서를 작성하고 그 계획에 따라 작업을 하도록 해야 한다. 6. 굴착면의 높이가 2미터 이상이 되는 지반의 굴착작업 제339조(굴착면의 붕괴 등에 의한 위험방지) 사업주는 지반 등을 굴착하는 경우 굴착면의 기울기를【별표 11】의 기준에 맞도록 해야 함

다. 중대재해처벌법

① (중대재해처벌법 시행령 제4조 제5호) 안전보건관리책임자가 업무를 충실히 수행하는지 평가하는 기준을 마련하면서 평가주체, 평가시기, 평가방법 및 평가결과에 대한 사후 관리 등 평가절차 규정을 두지 않아 이로 인해 위 평가기준에 따른 평가를 실시하지 않았음

② (중대재해처벌법 시행령 제4조 제7호) 사업장의 안전·보건에 관한 사항에 대해 종사자의 의견을 듣는 절차를 마련하지 아니함

위 사고에서 중대재해처벌법 및 산업안전보건법 관계는 다음과 같이 설명된다.

중대재해처벌법	산업안전보건법	결과
• 안전보건관리책임자가 업무를 충실히 수행하는지 평가하는 기준을 마련하지 아니함 • 사업장의 안전·보건에 관한 사항에 대해 종사자의 의견을 듣지 아니함	• 작업계획서 미작성 • 굴착면의 붕괴 등에 의한 위험방지 미조치	사상

2. 콘크리트 타설 작업 시 매몰 사고

콘크리트 타설 및 보 제작, 데크, 동바리 설치를 하도급받은 협력업체에서 콘크리트를 펌프카(Pump Car)를 이용하여 현장 9층까지 압송한 다음 선단 호스를 통하여 보에 흘려보내어 기둥을 채우고 슬래브를 타설하는 방식으로 콘크리트 타설 작업이 진행되는 과정에서 기둥, 보, 바닥에 대한 콘크리트 집중·동시타설 작업이 이루어지면서 그 하중을 견디지 못하고 동바리가 변형·파손되었고 매몰되는 사고가 발생했다. 법원은 안전·보건조치 의무, 산업안전보건법 위반, 중대재해처벌법 위반에 대해 다음과 같이 판결하였다. (수원지방법원 평택지원 2024. 10. 16. 선고 2024고단 220 판결)

가. 안전·보건조치 의무

사업주는 굴착, 채석, 하역, 벌목, 운송, 조작, 운반, 해체, 중량물 취급, 그 밖의 작업을 할 때 불량한 작업방법 등에 의한 위험으로 인한 산업재해를 예방하기 위하여 필요한 조치를 하여야 한다. 이에 따라 사업주는 중량물의 취급작업을 하는 경우 근로자의 위험을 방지하기 위하여 작업계획서를 작성하고 그 계획에 따라 작업을 하도록 하여야 함에도, 피고인은 위 현장 내 타워크레인을 이용하여 자재의 인양 등 중량물을 취급하는 작업을 하면서 작업계획서를 작성하지 아니하였다.

사업주는 근로자가 추락할 위험이 있는 장소, 토사·구축물 등이 붕괴할 우려가 있는 장소, 물체가 떨어지거나 날아올 위험이 있는 장소에서 작업을 할 때 발생할 수 있는 산업재해를 예방하는 데 필요한 조치를 하여야 한다. 이에 따라 사업주는 거푸집 동바리 등을 조립하는 경우에는 그 구조를 검토한 후 조립도를 작성하고, 그 조립도에 따라 조립하도록 하여야 함에도, 피고인은 위 현장 지하 1층 거푸집 동바리의 멍에를 조립도대로 조립하지 아니하는 등 산업재해 예방을 위해 필요한 조치를 이행하지 아니하였다.

나. 산업안전보건법

사업주는 굴착, 채석, 하역, 벌목, 운송, 조작, 운반, 해체, 중량물 취급, 그 밖의 작업을 할 때 불량한 작업방법 등에 의한 위험으로 인한 산업재해를 예방하는 데 필요한 조치를 하여야 한다.

사업주는 근로자가 추락할 위험이 있는 장소, 토사·구축물 등이 붕괴할 우려가 있는 장소, 물체가 떨어지거나 날아올 위험이 있는 장소, 천재지변으로 인한 위험이 발생할 우려가 있는 장소(산업안전보건법 제38조 제2항, 제3항 제2호)에서 작업할 때 발생할 수 있는 산업재해를 예방하는 데 필요한 조치를 하여야 한다.

판례는 "데크플레이트 공법으로 설계가 변경되었음에도 '파이프서포트 동바리' 구조검토를 의뢰하지 않은 채 작업을 진행하도록 하여 해당 동바리 설치에 있어 구조검토를 하지 아니하고, 조립도 없이 임의로 작업을 수행하도록 하였고, 동바리를 설치한 후에는 조립상태에 대하여 점검기준에 따라 확인점검을 실시하고 이상이 없는 경우에 한하여 콘크리트를 타설하여야 함에도 현장에 상주하지 아니하였고, 동바리 설치상태 확인 등 건설공사 시방서(示方書)에 따라 시공했는지 확인하지 아니하였고, 콘크리트를 타설하는 경우에는 편심이 발생하지 않도록 골고루 분산하여 타설하여야 함에도 이에 대해 지도·감독하지 아니하였다"라고 판결하였다. (수원지방법원 평택지원 2024. 10. 16. 선고 2024고단220 판결)

본 건 사고 관련된 산업안전보건기준에 관한 규칙 적용은 다음과 같다.

산업안전보건기준에 관한 규칙

제51조(구축물등의 안전 유지) 사업주는 구축물등이 고정하중, 적재하중, 시공·해체작업 중 발생하는 하중, 적설, 풍압(風壓), 지진이나 진동 및 충격 등에 의하여 전도·폭발하거나 무너지는 등의 위험을 예방하기 위하여 설계도면, 시방서(示方書), 「건축물의 구조기준 등에 관한 규칙」 제2조 제15호에 따른 구조설계도서, 해체계획서 등 설계도서를 준수하여 필요한 조치를 해야 한다

제331조(조립도) ① 사업주는 거푸집 및 동바리를 조립하는 경우에는 그 구조를 검토한 후 조립도를 작성하고, 그 조립도에 따라 조립하도록 해야 함

제334조(콘크리트의 타설작업) 사업주는 콘크리트 타설작업을 하는 경우에는 다음 각 호의 사항을 준수해야 함

5. 콘크리트를 타설하는 경우에는 편심이 발생하지 않도록 골고루 분산하여 타설할 것

다. 중대재해처벌법

① (중대재해처벌법 시행령 제4조 제1호) 안전·보건에 관한 목표와 경영방침을 설정하지 아니함

② (중대재해처벌법 시행령 제4조 제3호) 유해·위험요인을 확인하여 개선하는 위험성평가를 실시할 수 있는 업무절차를 마련하지 아니하였고, 안전관리자가 임의 진행하였다는 위험성 평가는 근로자들의 참여·의견 청취 없이 형식적으로 실시되고, 최초 위험성평가가 생략되었으며, 이에 대한 개선 절차 역시 전혀 이루어지지 않는 등 유해·위험요인 확인·개선 절차를 대체할 위험성 평가가 있었다고

보기 어렵고, 그에 따른 필요한 조치를 취하지 아니하였음

③ (중대재해처벌법 시행령 제4조 제9호) 공사를 도급받은 사업장이 재해 예방을 위한 조치능력과 기술에 관한 평가기준과 절차를 마련하지 아니하는 등 사업장의 특성 및 규모 등을 고려하여 재해 예방에 필요한 인력 및 예산 등 안전보건관리체계의 구축 및 그 이행에 관한 조치를 하지 아니함

④ (중대재해처벌법 시행령 제5조) 이 사건 사고현장에서 산업안전보건법 등 안전·보건 관계 법령에 따른 의무를 이행했는지를 반기 1회 이상 점검하거나 이에 대한 점검 결과를 보고받지 아니하였고, 특별교육 대상인 거푸집 동바리의 조립 등 작업을 하는 종사자들에게 특별교육이 실시되었는지를 반기 1회 이상 점검하지 아니하는 등 안전·보건 관계 법령에 따른 의무이행에 필요한 관리상의 조치를 하지 아니함

위 사고에서 중대재해처벌법 및 산업안전보건법 관계는 다음과 같이 설명된다.

중대재해처벌법	산업안전보건법	결과
• 안전·보건에 관한 목표와 경영방침을 설정하지 아니함 • 유해·위험요인을 확인하여 개선하는 위험성 평가를 실시할 수 있는 업무절차를 마련하지 아니함	• 건설공사 시방서에 따라 시공 여부 확인하지 않음 • 조립도에 따라 조립하지 않음	사상

• 산업재해 예방을 위한 조치 능력과 기술에 관한 평가기준과 절차를 마련하지 아니함 • 안전·보건 관계법령에 따른 의무를 이행했는지를 반기 1회 이상 점검하거나 이에 대한 점검 결과를 보고받지 아니함	• 콘크리트 타설 시 편심이 발생하지 않도록 골고루 분산 타설해야 하나 이행하지 않음	

3. 계단 사이 콘크리트 견출 작업 시 추락 사고

현장 5층과 6층 계단 사이에서 콘크리트벽 표면을 매끈하게 마무리하는 작업인 '견출작업'을 수행하도록 하였고 5층과 6층 계단 사이에 있는 작업발판 위에서 견출작업을 하던 중 돌음계단 중앙 개구부 바닥으로 추락하는 사고 관련 법원의 안전·보건 조치의무, 산업안전보건법 위반, 중대재해처벌법 위반에 대해 다음과 같이 판결하였다. (창원지방법원 마산지원 2024. 5. 2. 선고 2024고단89 판결)

가. 안전·보건조치 의무

돌음계단 중앙 개구부 아래로 근로자가 추락할 위험이 있는 장소이므로, 피고인에게는 근로자에게 안전대를 지급하고 착용하도록 하여야 하며, 안전난간, 울타리, 수직형 추락방망 또는 덮개 등의 방호조치를 충분한 강도를 가진 구조로 튼튼하게 설치하는 등 사고를 미리 방지하여야 할 산업안전보건법상 의무 및 업무상 주의의무가 있다.

나. 산업안전보건법

사업주는 근로자가 다음 각호의 어느 하나에 해당하는 장소에서 작업을 할 때 발생할 수 있는 산업재해를 예방하는 데 필요한 조치를 하여야 한다.

1. 근로자가 추락할 위험이 있는 장소 (산업안전보건법 제38조 제3항 제1호)

본 건 사고 관련된 산업안전보건기준에 관한 규칙 적용은 다음과 같다.

산업안전보건기준에 관한 규칙
제42조(추락의 방지) ① 사업주는 근로자가 추락하거나 넘어질 위험이 있는 장소 또는 기계·설비·선박블록 등에서 작업을 할 때에 근로자가 위험해질 우려가 있는 경우 비계(飛階)를 조립하는 등의 방법으로 작업발판을 설치하여야 한다. ② 사업주는 제1항에 따른 작업발판을 설치하기 곤란한 경우 다음 각 호의 기준에 맞는 추락방호망을 설치해야 한다. 다만, 추락방호망을 설치하기 곤란한 경우에는 근로자에게 안전대를 착용하도록 하는 등 추락위험을 방지하기 위해 필요한 조치를 해야 한다. 〈개정 2017. 12. 28., 2021. 5. 28.〉 ③ 사업주는 추락방호망을 설치하는 경우에는 한국산업표준에서 정하는 성능기준에 적합한 추락방호망을 사용하여야 한다. 〈신설 2017. 12. 28., 2022. 10. 18.〉 ④ 사업주는 제1항 및 제2항에도 불구하고 작업발판 및 추락방호망을 설치하기 곤란한 경우에는 근로자로 하여금 3개 이상의 버팀대를 가지고 지면으로부터 안정적으로 세울 수 있는 구조를 갖춘 이동식 사다리를 사용하여 작업을 하게 할 수 있다. 이 경우 사업주는 근로자가 다음 각 호의 사항을 준수하도록 조치해야 한다.

다. 중대재해처벌법

① (중대재해처벌법 시행령 제4조 제3호) 사업 또는 사업장의 특성에 따른 유해·위험요인을 확인하여 개선하는 절차를 마련하여야 함, 그럼에도 돌음계단 특성상 중앙 개구부로 근로자들이 추락할 위험이 있었음에도 이를 확인하여 개선하는 업무절차를 마련하지 아니하여 안전대 미지급 및 방호조치 미흡상태가 방치되어 있음

② (중대재해처벌법 시행령 제4조 제5호) 안전보건책임자 등이 해당 업무를 충실하게 수행하는지 평가하는 기준을 전혀 마련하지 아니하여, 안전보건책임자인 A가 돌음계단 중앙 개구부로 근로자들이 추

락할 위험 등을 확인하여 안전사고를 방지하기 위한 조치를 하지 않았음

③ (중대재해처벌법 시행령 제4조 제6호) 공사현장에 안전관리자를 배치하지 아니함

④ (중대재해처벌법 시행령 제4조 제7호) 종사자들로부터 돌음계단 중앙 개구부로의 추락 위험 및 방호조치 미흡에 관한 의견을 청취하는 절차를 전혀 마련하지 않았음

⑤ (중대재해처벌법 시행령 제4조 제8호) 추락 사고를 예방하기 위한 안전대 지급 및 방호조치가 제대로 되어있지 아니하여 언제든지 돌음계단 중앙 개구부로 근로자들이 추락하는 등 중대산업재해가 발생할 수 있는 급박한 위험이 있음에도, 작업 중지, 위험요인 제거 등 대응조치에 관한 매뉴얼을 전혀 마련하지 아니함

위 사고에서 중대재해처벌법 및 산업안전보건법 관계는 다음과 같이 설명된다.

중대재해처벌법	산업안전보건법	결과
• 사업장의 특성에 따른 유해·위험요인을 확인하여 개선하는 절차를 마련하지 아니함 • 안전보건책임자 등이 해당 업무를 충실하게 수행하는지 평가하는 기준을 전혀 마련하지 아니함 • 안전관리자를 배치하지 아니함 • 추락 위험 및 방호조치 미흡에 관한 의견을 청취하는 절차를 전혀 마련하지 않았음 • 급박한 위험이 있음에도, 작업 중지, 위험요인 제거 등 대응조치에 관한 매뉴얼을 전혀 마련하지 아니함	추락의 방지 미조치	사상

제3장
기타업

1. 아파트 천장 누수 작업 시 사다리 추락 사고

공동주택 관리에서 아파트 천장 누수 확인을 위해 사다리를 타고 약 1.5m 높이에 올라서서 이를 확인하는 과정에서 사다리에서 바닥으로 추락한 사고 관련 법원의 안전·보건조치 의무, 산업안전보건법 및 중대재해처벌법 위반에 대한 판단은 다음과 같다. (서울북부지방법원 2023. 10. 12. 선고 2023고단2537 판결)

가. 안전·보건조치 의무

사업주는 소속 근로자가 추락할 위험이 있는 작업을 하는 경우 산업재해를 예방하기 위해 필요한 조치를 하여야 하므로 안전모를 지급하고 이를 착용하도록 하여야 하고, 피고인은 사업주인 C 주식회사를 위하여 행위하는 사람으로서 위와 같은 내용의 안전조치를 취하고 근로자들의 작업을 적절히 지휘 감독하여 사고를 미리 방지하여야 할 업무상 주의의무가 있다.

나. 산업안전보건법

사업주는 근로자가 다음 각호의 어느 하나에 해당하는 장소에서 작업을 할 때 발생할 수 있는 산업재해를 예방하기 위하여 필요한 조치를 하여야 한다.

1. 근로자가 추락할 위험이 있는 장소 (산업안전보건법 제38조 제3항 제1호)

본 건 사고 관련된 산업안전보건기준에 관한 규칙 적용은 다음과 같다.

산업안전보건기준에 관한 규칙
제32조(보호구의 지급 등) ① 사업주는 다음 각호의 어느 하나에 해당하는 작업을 하는 근로자에 대해서는 다음 각호의 구분에 따라 그 작업조건에 맞는 보호구를 작업하는 근로자 수 이상으로 지급하고 착용하도록 하여야 한다. 1. 물체가 떨어지거나 날아올 위험 또는 근로자가 추락할 위험이 있는 작업: 안전모

다. 중대재해처벌법

① (중대재해처벌법 시행령 제4조 제5호) 안전보건책임자 등이 해당 업무를 충실하게 수행하는지 평가하는 기준을 전혀 마련하지 아니함

② (중대재해처벌법 시행령 제4조 제7호) 사업장의 안전·보건에 관한 사항에 대한 종사자의 의견을 듣고 개선방안을 마련하도록 하지 아니함

법원은 중대재해처벌법 위반에 대해 "사업장의 안전·보건에 관한 목표와 경영방침과 사업장의 특성에 따른 유해·위험요인을 확인하여 개선하

는 업무절차를 전달받지 못한 안전보건관리책임자인 관리소장 A로 하여금 사업장의 안전·보건에 관한 사항에 대한 종사자의 의견을 듣고 개선방안을 마련하도록 하지 아니하였고, 안전보건관리책임자인 관리소장 A의 업무수행에 대한 평가기준 또한 마련하지 아니하여 관리소장 A가 종사자 D에게 안전모를 착용할 것을 지시하지 않은 채 사다리 작업을 하게 함으로써 추락에 의한 중대재해의 발생 위험을 제거하지 아니하였다."라고 판단하였다.

위 사고에서 중대재해처벌법 및 산업안전보건법 관계는 다음과 같이 설명된다.

중대재해처벌법	산업안전보건법	결과
• 안전보건책임자 등이 해당 업무를 충실하게 수행하는지 평가하는 기준을 전혀 마련하지 아니함 • 종사자의 의견을 듣고 개선방안을 마련하도록 하지 아니함	추락할 위험이 있는 작업 안전모 미지급	사상

2. 굴뚝 작업 중 사고 (산업안전보건법 제169조)

굴착기를 이용하여 굴뚝 중간 지점을 파쇄하던 중 굴뚝 상단 부분(약 6m가량)이 무게를 지탱하지 못하면서 상단 굴뚝 구조물이 낙하하며 굴착기 운전석을 그대로 충격하여 그 안에 있던 피해자를 덮쳐 사망에 이르게 한 사고 관련 법원의 안전·보건조치 의무, 산업안전보건법 및 중대재해처벌법 위반에 대한 판단은 다음과 같다. (제주지방법원 2023. 10. 12. 선고 2023고단2537 판결)

가. 안전·보건조치 의무

관계수급인 근로자가 도급인의 사업장에서 건물 등의 해체작업을 하는 경우에 안전보건관리책임자이자 안전보건총괄책임자로서 자신의 근로자와 관계수급인 근로자의 산업재해를 예방하기 위하여 해체건물 등의 구조, 주변 상황 등에 대한 사전 조사를 하고 그 결과를 기록·보존하여야 하며, 조사결과를 고려하여 해체의 방법 및 해체순서도면, 가설설비 및 살수 등의 방법, 사업장 내 연락방법, 해체물의 처분계획, 해체작업용 기계기구 등의 작업계획서, 그 밖의 안전보건에 관련된 사항을 포함한 작업계획서를 작성하고 그 계획에 따라 작업을 하도록 하여야 한다.

또한, 이 사건 공사의 방법 및 순서가 기재된 작업계획서를 숙지하고 그에 따른 작업내용을 현장 관리자에게 정확하게 지시하고 현장에 안전관리자를 적정하게 배치하는 등 안전조치를 취하여 산업재해 사고를 미연에 방지하여야 할 업무상 주의의무가 있었다.

나. 산업안전보건법

도급인은 관계수급인 근로자가 도급인의 사업장에서 작업하는 경우에 자신의 근로자와 관계수급인 근로자의 산업재해를 예방하기 위하여 안전 및 보건 시설의 설치 등 필요한 안전조치 및 보건조치를 하여야 한다. (산업안전보건법 제63조 도급인의 안전조치 및 보건조치)

법원은 "굴뚝 등 해체작업 등에 필요한 안전에 관한 기술적인 사항·이 사건 공사현장의 안전교육 계획의 수립·안전교육 실시·사업장 순회 점검 등에 관한 안전관리자의 보좌 및 지도·조언 업무를 소홀히 하여 이 사건 공사현장의 전반적인 안전관리·감독이 이루어지지 못하는 상황을 초래하였다"라고 판단하였다. (제주지방법원 2023. 10. 12. 선고 2023고단 2537 판결)

즉 안전보건관리책임자, 관리감독자, 안전관리자 등으로 하여금 안전 및 보건에 관한 중요성을 인식하지 못하고 이 사건 공사현장의 전반적인 안전관리·감독이 이루어지지 못하는 상황을 초래하도록 하였다는 것이다. 본 건 사고는 산업안전보건법 제169조 제1호, 제63조(안전조치 미이행의 점)가 적용되어 자신의 근로자와 관계수급인 근로자의 산업재해를 예방하기 위하여 필요한 안전조치를 하지 아니한 것으로 판단하였다.

다. 중대재해처벌법

① (중대재해처벌법 시행령 제4조 제1호) 사업 또는 사업장의 안전·보건에 관한 목표와 경영방침을 설정하지 아니하여 안전보건관리책임자, 관리감독자, 안전관리자 등으로 하여금 안전 및 보건에 관한 중요성을 인식하지 못하고 이 사건 공사현장의 전반적인 안전관리·감

독이 이루어지지 못하는 상황을 초래하도록 하였음

② (중대재해처벌법 시행령 제4조 제3호) 사업장의 특성에 따른 유해·위험 요인을 확인하여 개선하는 업무절차를 마련함에 있어 산업안전보건법 제36조와 그 위임에 따른 사업장 위험성 평가에 관한 지침이 규정하는 방법과 절차·시기 등에 대한 기준을 전혀 반영하지 아니하여 이 사건 공사 해체작업을 위해 필요한 건물의 구조, 주변 상황 등 해당 작업에 대한 사전 조사를 실시하지 않아 굴뚝 등 해체작업에서 발생하는 위험요인 확인·개선을 하지 못하도록 하였음

③ (중대재해처벌법 시행령 제4조 제5호) 안전보건관리책임자 등에게 건물 등의 해체작업 전에 작업계획서 작성 여부를 확인하도록 하고 그 계획에 따라 작업을 지시하도록 하는 실질적인 권한과 예산을 부여하지 않고, 안전보건관리책임자 등이 해당 업무를 충실하게 수행하는지 평가하는 기준을 전혀 마련하지 아니하여 안전보건관리책임자, 관리감독자, 안전관리자 등으로 하여금 해체 구조물에 대하여 사전조사 없이 작업계획서를 작성하도록 하거나 현장에 인력을 적정하게 배치하지 못하게 하였음

④ (중대재해처벌법 시행령 제4조 제7호) 사업 또는 사업장의 안전·보건에 관한 종사자의 의견을 듣는 절차를 마련하지 아니하여 굴뚝 등 해체작업의 위험과 예방대책 등에 대한 종사자의 의견을 듣지 못해 사건 공사현장에서 굴뚝 등 해체작업의 위험을 예방하기 위한 작업계획서 작성, 적절한 안전관리를 위한 인력배치 등의 사전대책이 수립·시행되지 않도록 하였음

⑤ (중대재해처벌법 시행령 제4조 제8호) 사업 또는 사업장에 중대산업

재해가 발생하거나 발생할 급박한 위험이 있을 경우를 대비한 매뉴
얼을 마련하지 아니하여 굴뚝 해체에 대한 작업계획서 없이 무리하
게 작업을 진행하도록 방치하고 사전에 작업중지 및 위험요인 제거
등 대응조치를 하지 못하도록 하였음

위 사고에서 중대재해처벌법 및 산업안전보건법 관계는 다음과 같이
설명된다.

중대재해처벌법	산업안전보건법	결과
• 사업 또는 사업장의 안전·보건에 관한 목표와 경영방침을 설정하지 아니함 • 사업장의 특성에 따른 유해·위험 요인을 확인하여 개선하는 업무절차를 마련함에 있어 산업안전보건법 제36조와 그 위임에 따른 사업장 위험성 평가에 관한 지침이 규정하는 방법과 절차·시기 등에 대한 기준을 전혀 반영하지 아니함 • 안전보건관리책임자 등이 해당 업무를 충실하게 수행하는지 평가하는 기준을 전혀 마련하지 아니함 • 종사자의 의견을 듣는 절차를 마련하지 아니함 • 발생할 급박한 위험이 있을 경우를 대비한 매뉴얼을 마련하지 아니함	• 공사현장의 전반적인 안전관리·감독이 이루어지지 못하는 상황을 초래하도록 하였고 굴뚝 등 해체작업에서 발생하는 위험요인 확인·개선을 하지 못하도록 하였음 • 해체 구조물에 대하여 사전조사 없이 작업계획서를 작성하도록 하거나 현장에 인력을 적정하게 배치하지 못하게 하였음 • 굴뚝 등 해체작업의 위험을 예방하기 위한 작업계획서 작성, 적절한 안전관리를 위한 인력배치 등의 사전대책이 수립·시행되지 않도록 하였음 • 작업계획서 없이 무리하게 작업을 진행하도록 방치하고 사전에 작업 중지 및 위험요인 제거 등 대응조치를 하지 못하도록 하였음	사상

※ 참고사항

구분	적용법조
사망사고	산업안전보건법 제167조(벌칙) 산업안전보건법 제173조(양벌규정)
중대상해 사고	산업안전보건법 제168조(벌칙) 산업안전보건법 제173조(양벌규정)
사업주 안전보건조치	산업안전보건법 제168조(벌칙) 산업안전보건법 제173조(양벌규정)
도급인 안전보건조치	산업안전보건법 제169조(벌칙) 산업안전보건법 제173조(양벌규정)

김형근, "건설업 산업재해 예방 모델 효과성 추정에 관한 연구", 한국부동산정책
　학회, 부동산정책연구, 2021, 제22권, 제1호, pp. 55~69.

김형근·김일태·박성강, "작업 환경과 일자리 변동의 관계", 산업경제학회, 산업
　경제연구, 2022, 제35권, 제3호, pp. 609~631.

김형근, "위계적 회귀분석 모형을 활용한 건설업 산업재해 예방에 관한 연구", 한
　국건설경제산업학회, 건설경제산업연구, 2023, 제9권, 제1호, pp. 33~55.

김형근·김부성, "산업재해감축을 위한 안전보건관리체계 구축에 관한 연구: 위
　계적 회귀모형과 의사결정나무모형 분석 중심으로", 한국콘텐츠학회 종합학술
　대회 논문집, 2024, pp. 123~124.

김형근·김일태, "컴플라이언스 구축 요소에 관한 연구", 2024년 한국경제통상학
　회 춘계학술대회 발표 논문

김형근·김일태, "중대산업재해 예방과 관리감독자의 안전관리: 판례 분석과 위
　계적 추정 모형을 중심으로", 2025년 경제학공동학술대회 논문

고용노동부 중대재해처벌법 해설서, 2021. 11.

Fang, D., Huang, Y., Guo, H., & Lim, H. W. (2020), "LCB approach forconstruction
　safety". *Safety science*, Vol. 128.

Oah, S., Na, R., & Moon, K. (2018), "The influence of safety climate, safety
　leadership, workload, and accident experiences on risk perception : A study
　of Korean manufacturing workers. *Safety and Health at Work*, Vol. 9(4),
　pp. 427-433.

Sheehan, C., Donohue, R., Shea, T., Cooper, B., & De Cieri, H. (2016), "Leading and lagging indicators of occupational health and safety : Themoderating role of safety leadership." *Accident Analysis & Prevention*, Vol. 92, pp. 130-138.

Skeepers, N. C., & Mbohwa, C. (2015). "A study on the leadership behaviour, safety leadership and safety performance in the construction industry in South Africa." *Procedia Manufacturing*, Vol. 4, 10-16.

Wu, T. C., Chen, C. H., and Li, C. C, 2008, "A correlation among safety leadership, safety climate and safety performance". *Journal of Loss Prevention in the Process Industries*, Vol. 21, No. 3, pp. 307-318.

Yeow, P. H., & Goomas, D. T. (2014). "Outcome-and-behavior-based safety incentive program to reduce accidents: A case study of a fluid manufacturing plant". *Safety science*, Vol 70, pp. 429-437.

Zhang, M., and Fang, D, 2013, "A continuous behavior-based safety strategy for persistent safety improvement in construction industry", *Automation in Construction*, Vol. 34, pp. 101-107.

대법원, www.scourt.go.kr

부록

관리감독자의 유해·위험 방지(제35조제1항 관련)

작업의 종류	직무수행 내용
1. 프레스등을 사용하는 작업(제2편제1장제3절)	가. 프레스등 및 그 방호장치를 점검하는 일 나. 프레스등 및 그 방호장치에 이상이 발견되면 즉시 필요한 조치를 하는 일 다. 프레스등 및 그 방호장치에 전환스위치를 설치했을 때 그 전환스위치의 열쇠를 관리하는 일 라. 금형의 부착·해체 또는 조정작업을 직접 지휘하는 일
2. 목재가공용 기계를 취급하는 작업(제2편제1장제4절)	가. 목재가공용 기계를 취급하는 작업을 지휘하는 일 나. 목재가공용 기계 및 그 방호장치를 점검하는 일 다. 목재가공용 기계 및 그 방호장치에 이상이 발견된 즉시 보고 및 필요한 조치를 하는 일 라. 작업 중 지그(jig) 및 공구 등의 사용 상황을 감독하는 일
3. 크레인을 사용하는 작업(제2편제1장제9절제2관·제3관)	가. 작업방법과 근로자 배치를 결정하고 그 작업을 지휘하는 일 나. 재료의 결함 유무 또는 기구 및 공구의 기능을 점검하고 불량품을 제거하는 일 다. 작업 중 안전대 또는 안전모의 착용 상황을 감시하는 일
4. 위험물을 제조하거나 취급하는 작업(제2편제2장제1절)	가. 작업을 지휘하는 일 나. 위험물을 제조하거나 취급하는 설비 및 그 설비의 부속설비가 있는 장소의 온도·습도·차광 및 환기 상태 등을 수시로 점검하고 이상을 발견하면 즉시 필요한 조치를 하는 일 다. 나목에 따라 한 조치를 기록하고 보관하는 일

5. 건조설비를 사용하는 작업(제2편제2장제5절)	가. 건조설비를 처음으로 사용하거나 건조방법 또는 건조물의 종류를 변경했을 때에는 근로자에게 미리 그 작업방법을 교육하고 작업을 직접 지휘하는 일 나. 건조설비가 있는 장소를 항상 정리정돈하고 그 장소에 가연성 물질을 두지 않도록 하는 일
6. 아세틸렌 용접장치를 사용하는 금속의 용접·용단 또는 가열작업(제2편제2장제6절제1관)	가. 작업방법을 결정하고 작업을 지휘하는 일 나. 아세틸렌 용접장치의 취급에 종사하는 근로자로 하여금 다음의 작업요령을 준수하도록 하는 일 　(1) 사용 중인 발생기에 불꽃을 발생시킬 우려가 있는 공구를 사용하거나 그 발생기에 충격을 가하지 않도록 할 것 　(2) 아세틸렌 용접장치의 가스누출을 점검할 때에는 비눗물을 사용하는 등 안전한 방법으로 할 것 　(3) 발생기실의 출입구 문을 열어 두지 않도록 할 것 　(4) 이동식 아세틸렌 용접장치의 발생기에 카바이드를 교환할 때에는 옥외의 안전한 장소에서 할 것 다. 아세틸렌 용접작업을 시작할 때에는 아세틸렌 용접장치를 점검하고 발생기 내부로부터 공기와 아세틸렌의 혼합가스를 배제하는 일 라. 안전기는 작업 중 그 수위를 쉽게 확인할 수 있는 장소에 놓고 1일 1회 이상 점검하는 일 마. 아세틸렌 용접장치 내의 물이 동결되는 것을 방지하기 위하여 아세틸렌 용접장치를 보온하거나 가열할 때에는 온수나 증기를 사용하는 등 안전한 방법으로 하도록 하는 일 바. 발생기 사용을 중지하였을 때에는 물과 잔류 카바이드가 접촉하지 않은 상태로 유지하는 일 사. 발생기를 수리·가공·운반 또는 보관할 때에는 아세틸렌 및 카바이드에 접촉하지 않은 상태로 유지하는 일 아. 작업에 종사하는 근로자의 보안경 및 안전장갑의 착용 상황을 감시하는 일

7. 가스집합용접장치의 취급작업(제2편제2장제6절제2관)	가. 작업방법을 결정하고 작업을 직접 지휘하는 일 나. 가스집합장치의 취급에 종사하는 근로자로 하여금 다음의 작업요령을 준수하도록 하는 일 　(1) 부착할 가스용기의 마개 및 배관 연결부에 붙어 있는 유류·찌꺼기 등을 제거할 것 　(2) 가스용기를 교환할 때에는 그 용기의 마개 및 배관 연결부 부분의 가스누출을 점검하고 배관 내의 가스가 공기와 혼합되지 않도록 할 것 　(3) 가스누출 점검은 비눗물을 사용하는 등 안전한 방법으로 할 것 　(4) 밸브 또는 콕은 서서히 열고 닫을 것 다. 가스용기의 교환작업을 감시하는 일 라. 작업을 시작할 때에는 호스·취관·호스밴드 등의 기구를 점검하고 손상·마모 등으로 인하여 가스나 산소가 누출될 우려가 있다고 인정할 때에는 보수하거나 교환하는 일 마. 안전기는 작업 중 그 기능을 쉽게 확인할 수 있는 장소에 두고 1일 1회 이상 점검하는 일 바. 작업에 종사하는 근로자의 보안경 및 안전장갑의 착용 상황을 감시하는 일
8. 거푸집 및 동바리의 고정·조립 또는 해체 작업/노천굴착작업/흙막이 지보공의 고정·조립 또는 해체 작업/터널의 굴착작업/구축물등의 해체작업(제2편제4장제1절제2관·제4장제2절제1관·제4장제2절제3관제1속·제4장제4절)	가. 안전한 작업방법을 결정하고 작업을 지휘하는 일 나. 재료·기구의 결함 유무를 점검하고 불량품을 제거하는 일 다. 작업 중 안전대 및 안전모 등 보호구 착용 상황을 감시하는 일

9. 높이 5미터 이상의 비계(飛階)를 조립·해체하거나 변경하는 작업(해체작업의 경우 가목은 적용 제외)(제1편제7장제2절)	가. 재료의 결함 유무를 점검하고 불량품을 제거하는 일 나. 기구·공구·안전대 및 안전모 등의 기능을 점검하고 불량품을 제거하는 일 다. 작업방법 및 근로자 배치를 결정하고 작업 진행 상태를 감시하는 일 라. 안전대와 안전모 등의 착용 상황을 감시하는 일
10. 달비계 작업(제1편제7장제4절)	가. 작업용 섬유로프, 작업용 섬유로프의 고정점, 구명줄의 조정점, 작업대, 고리걸이용 철구 및 안전대 등의 결손 여부를 확인하는 일 나. 작업용 섬유로프 및 안전대 부착설비용 로프가 고정점에 풀리지 않는 매듭방법으로 결속되었는지 확인하는 일 다. 근로자가 작업대에 탑승하기 전 안전모 및 안전대를 착용하고 안전대를 구명줄에 체결했는지 확인하는 일 라. 작업방법 및 근로자 배치를 결정하고 작업 진행 상태를 감시하는 일
11. 발파작업(제2편제4장제2절제2관)	가. 점화 전에 점화작업에 종사하는 근로자가 아닌 사람에게 대피를 지시하는 일 나. 점화작업에 종사하는 근로자에게 대피장소 및 경로를 지시하는 일 다. 점화 전에 위험구역 내에서 근로자가 대피한 것을 확인하는 일 라. 점화순서 및 방법에 대하여 지시하는 일 마. 점화신호를 하는 일 바. 점화작업에 종사하는 근로자에게 대피신호를 하는 일 사. 발파 후 터지지 않은 장약이나 남은 장약의 유무, 용수(湧水)의 유무 및 토사등의 낙하 여부 등을 점검하는 일 아. 점화하는 사람을 정하는 일 자. 공기압축기의 안전밸브 작동 유무를 점검하는 일 차. 안전모 등 보호구 착용 상황을 감시하는 일

12. 채석을 위한 굴착작업(제2편제4장제2절제5관)	가. 대피방법을 미리 교육하는 일 나. 작업을 시작하기 전 또는 폭우가 내린 후에는 토사등의 낙하·균열의 유무 또는 함수(含水)·용수(湧水) 및 동결의 상태를 점검하는 일 다. 발파한 후에는 발파장소 및 그 주변의 토사등의 낙하·균열의 유무를 점검하는 일
13. 화물취급작업(제2편제6장제1절)	가. 작업방법 및 순서를 결정하고 작업을 지휘하는 일 나. 기구 및 공구를 점검하고 불량품을 제거하는 일 다. 그 작업장소에는 관계 근로자가 아닌 사람의 출입을 금지하는 일 라. 로프 등의 해체작업을 할 때에는 하대(荷臺) 위의 화물의 낙하위험 유무를 확인하고 작업의 착수를 지시하는 일
14. 부두와 선박에서의 하역작업(제2편제6장제2절)	가. 작업방법을 결정하고 작업을 지휘하는 일 나. 통행설비·하역기계·보호구 및 기구·공구를 점검·정비하고 이들의 사용 상황을 감시하는 일 다. 주변 작업자간의 연락을 조정하는 일
15. 전로 등 전기작업 또는 그 지지물의 설치, 점검, 수리 및 도장 등의 작업(제2편제3장)	가. 작업구간 내의 충전전로 등 모든 충전 시설을 점검하는 일 나. 작업방법 및 그 순서를 결정(근로자 교육 포함)하고 작업을 지휘하는 일 다. 작업근로자의 보호구 또는 절연용 보호구 착용 상황을 감시하고 감전재해 요소를 제거하는 일 라. 작업 공구, 절연용 방호구 등의 결함 여부와 기능을 점검하고 불량품을 제거하는 일 마. 작업장소에 관계 근로자 외에는 출입을 금지하고 주변 작업자와의 연락을 조정하며 도로작업 시 차량 및 통행인 등에 대한 교통통제 등 작업전반에 대해 지휘·감시하는 일 바. 활선작업용 기구를 사용하여 작업할 때 안전거리가 유지되는지 감시하는 일 사. 감전재해를 비롯한 각종 산업재해에 따른 신속한 응급처치를 할 수 있도록 근로자들을 교육하는 일

16. 관리대상 유해 물질을 취급하는 작업(제3편제1장)	가. 관리대상 유해물질을 취급하는 근로자가 물질에 오염되지 않도록 작업방법을 결정하고 작업을 지휘하는 업무 나. 관리대상 유해물질을 취급하는 장소나 설비를 매월 1회 이상 순회점검하고 국소배기장치 등 환기설비에 대해서는 다음 각 호의 사항을 점검하여 필요한 조치를 하는 업무. 단, 환기설비를 점검하는 경우에는 다음의 사항을 점검 (1) 후드(hood)나 덕트(duct)의 마모·부식, 그 밖의 손상 여부 및 정도 (2) 송풍기와 배풍기의 주유 및 청결 상태 (3) 덕트 접속부가 헐거워졌는지 여부 (4) 전동기와 배풍기를 연결하는 벨트의 작동 상태 (5) 흡기 및 배기 능력 상태 다. 보호구의 착용 상황을 감시하는 업무 라. 근로자가 탱크 내부에서 관리대상 유해물질을 취급하는 경우에 다음의 조치를 했는지 확인하는 업무 (1) 관리대상 유해물질에 관하여 필요한 지식을 가진 사람이 해당 작업을 지휘 (2) 관리대상 유해물질이 들어올 우려가 없는 경우에는 작업을 하는 설비의 개구부를 모두 개방 (3) 근로자의 신체가 관리대상 유해물질에 의하여 오염되었거나 작업이 끝난 경우에는 즉시 몸을 씻는 조치 (4) 비상시에 작업설비 내부의 근로자를 즉시 대피시키거나 구조하기 위한 기구와 그 밖의 설비를 갖추는 조치 (5) 작업을 하는 설비의 내부에 대하여 작업 전에 관리대상 유해물질의 농도를 측정하거나 그 밖의 방법으로 근로자가 건강에 장해를 입을 우려가 있는지를 확인하는 조치 (6) 제(5)에 따른 설비 내부에 관리대상 유해물질이 있는 경우에는 설비 내부를 충분히 환기하는 조치 (7) 유기화합물을 넣었던 탱크에 대하여 제(1)부터 제(6)까지의 조치 외에 다음의 조치

	(가) 유기화합물이 탱크로부터 배출된 후 탱크 내부에 재유입되지 않도록 조치 (나) 물이나 수증기 등으로 탱크 내부를 씻은 후 그 씻은 물이나 수증기 등을 탱크로부터 배출 (다) 탱크 용적의 3배 이상의 공기를 채웠다가 내보내거나 탱크에 물을 가득 채웠다가 내보내거나 탱크에 물을 가득 채웠다가 배출 마. 나목에 따른 점검 및 조치 결과를 기록·관리하는 업무
17. 허가대상 유해물질 취급작업(제3편제2장)	가. 근로자가 허가대상 유해물질을 들이마시거나 허가대상 유해물질에 오염되지 않도록 작업수칙을 정하고 지휘하는 업무 나. 작업장에 설치되어 있는 국소배기장치나 그 밖에 근로자의 건강장해 예방을 위한 장치 등을 매월 1회 이상 점검하는 업무 다. 근로자의 보호구 착용 상황을 점검하는 업무
18. 석면 해체·제거작업(제3편제2장제6절)	가. 근로자가 석면분진을 들이마시거나 석면분진에 오염되지 않도록 작업방법을 정하고 지휘하는 업무 나. 작업장에 설치되어 있는 석면분진 포집장치, 음압기 등의 장비의 이상 유무를 점검하고 필요한 조치를 하는 업무 다. 근로자의 보호구 착용 상황을 점검하는 업무
19. 고압작업(제3편제5장)	가. 작업방법을 결정하여 고압작업자를 직접 지휘하는 업무 나. 유해가스의 농도를 측정하는 기구를 점검하는 업무 다. 고압작업자가 작업실에 입실하거나 퇴실하는 경우에 고압작업자의 수를 점검하는 업무 라. 작업실에서 공기조절을 하기 위한 밸브나 콕을 조작하는 사람과 연락하여 작업실 내부의 압력을 적정한 상태로 유지하도록 하는 업무 마. 공기를 기압조절실로 보내거나 기압조절실에서 내보내기 위한 밸브나 콕을 조작하는 사람과 연락하여 고압작업자에 대하여 가압이나 감압을 다음과 같이 따르도록 조치하는 업무

	(1) 가압을 하는 경우 1분에 제곱센티미터당 0.8킬로그램 이하의 속도로 함 (2) 감압을 하는 경우에는 고용노동부장관이 정하여 고시하는 기준에 맞도록 함 바. 작업실 및 기압조절실 내 고압작업자의 건강에 이상이 발생한 경우 필요한 조치를 하는 업무
20. 밀폐공간 작업 (제3편제10장)	가. 산소가 결핍된 공기나 유해가스에 노출되지 않도록 작업 시작 전에 해당 근로자의 작업을 지휘하는 업무 나. 작업을 하는 장소의 공기가 적절한지를 작업 시작 전에 측정하는 업무 다. 측정장비·환기장치 또는 공기호흡기 또는 송기마스크를 작업 시작 전에 점검하는 업무 라. 근로자에게 공기호흡기 또는 송기마스크의 착용을 지도하고 착용 상황을 점검하는 업무

작업시작 전 점검사항(제35조제2항 관련)

작업의 종류	점검내용
1. 프레스등을 사용하여 작업을 할 때(제2편제1장제3절)	가. 클러치 및 브레이크의 기능 나. 크랭크축·플라이휠·슬라이드·연결봉 및 연결 나사의 풀림 여부 다. 1행정 1정지기구·급정지장치 및 비상정지장치의 기능 라. 슬라이드 또는 칼날에 의한 위험방지 기구의 기능 마. 프레스의 금형 및 고정볼트 상태 바. 방호장치의 기능 사. 전단기(剪斷機)의 칼날 및 테이블의 상태
2. 로봇의 작동 범위에서 그 로봇에 관하여 교시 등(로봇의 동력원을 차단하고 하는 것은 제외한다)의 작업을 할 때(제2편제1장제13절)	가. 외부 전선의 피복 또는 외장의 손상 유무 나. 매니퓰레이터(manipulator) 작동의 이상 유무 다. 제동장치 및 비상정지장치의 기능
3. 공기압축기를 가동할 때(제2편제1장제7절)	가. 공기저장 압력용기의 외관 상태 나. 드레인밸브(drain valve)의 조작 및 배수 다. 압력방출장치의 기능 라. 언로드밸브(unloading valve)의 기능 마. 윤활유의 상태 바. 회전부의 덮개 또는 울 사. 그 밖의 연결 부위의 이상 유무

4. 크레인을 사용하여 작업을 하는 때(제2편제1장제9절제2관)	가. 권과방지장치·브레이크·클러치 및 운전장치의 기능 나. 주행로의 상측 및 트롤리(trolley)가 횡행하는 레일의 상태 다. 와이어로프가 통하고 있는 곳의 상태
5. 이동식 크레인을 사용하여 작업을 할 때(제2편제1장제9절제3관)	가. 권과방지장치나 그 밖의 경보장치의 기능 나. 브레이크·클러치 및 조정장치의 기능 다. 와이어로프가 통하고 있는 곳 및 작업장소의 지반 상태
6. 리프트(자동차정비용 리프트를 포함한다)를 사용하여 작업을 할 때(제2편제1장제9절제4관)	가. 방호장치·브레이크 및 클러치의 기능 나. 와이어로프가 통하고 있는 곳의 상태
7. 곤돌라를 사용하여 작업을 할 때(제2편제1장제9절제5관)	가. 방호장치·브레이크의 기능 나. 와이어로프·슬링와이어(sling wire) 등의 상태
8. 양중기의 와이어로프·달기체인·섬유로프·섬유벨트 또는 훅·샤클·링 등의 철구(이하 "와이어로프등"이라 한다)를 사용하여 고리걸이작업을 할 때(제2편제1장제9절제7관)	와이어로프등의 이상 유무
9. 지게차를 사용하여 작업을 하는 때(제2편제1장제10절제2관)	가. 제동장치 및 조종장치 기능의 이상 유무 나. 하역장치 및 유압장치 기능의 이상 유무 다. 바퀴의 이상 유무 라. 전조등·후미등·방향지시기 및 경보장치 기능의 이상 유무

10. 구내운반차를 사용하여 작업을 할 때(제2편제1장제10절제3관)	가. 제동장치 및 조종장치 기능의 이상 유무 나. 하역장치 및 유압장치 기능의 이상 유무 다. 바퀴의 이상 유무 라. 전조등·후미등·방향지시기 및 경음기 기능의 이상 유무 마. 충전장치를 포함한 홀더 등의 결합상태의 이상 유무
11. 고소작업대를 사용하여 작업을 할 때(제2편제1장제10절제4관)	가. 비상정지장치 및 비상하강 방지장치 기능의 이상 유무 나. 과부하 방지장치의 작동 유무(와이어로프 또는 체인구동방식의 경우) 다. 아웃트리거 또는 바퀴의 이상 유무 라. 작업면의 기울기 또는 요철 유무 마. 활선작업용 장치의 경우 홈·균열·파손 등 그 밖의 손상 유무
12. 화물자동차를 사용하는 작업을 하게 할 때(제2편제1장제10절제5관)	가. 제동장치 및 조종장치의 기능 나. 하역장치 및 유압장치의 기능 다. 바퀴의 이상 유무
13. 컨베이어등을 사용하여 작업을 할 때(제2편제1장제11절)	가. 원동기 및 풀리(pulley) 기능의 이상 유무 나. 이탈 등의 방지장치 기능의 이상 유무 다. 비상정지장치 기능의 이상 유무 라. 원동기·회전축·기어 및 풀리 등의 덮개 또는 울 등의 이상 유무
14. 차량계 건설기계를 사용하여 작업을 할 때(제2편제1장제12절제1관)	브레이크 및 클러치 등의 기능

14의2. 용접·용단 작업 등의 화재위험작업을 할 때 (제2편제2장제2절)	가. 작업 준비 및 작업 절차 수립 여부 나. 화기작업에 따른 인근 가연성물질에 대한 방호조치 및 소화기구 비치 여부 다. 용접불티 비산방지덮개 또는 용접방화포 등 불꽃·불티 등의 비산을 방지하기 위한 조치 여부 라. 인화성 액체의 증기 또는 인화성 가스가 남아 있지 않도록 하는 환기 조치 여부 마. 작업근로자에 대한 화재예방 및 피난교육 등 비상조치 여부
15. 이동식 방폭구조(防爆構造) 전기기계·기구를 사용할 때(제2편제3장제1절)	전선 및 접속부 상태
16. 근로자가 반복하여 계속적으로 중량물을 취급하는 작업을 할 때(제2편제5장)	가. 중량물 취급의 올바른 자세 및 복장 나. 위험물이 날아 흩어짐에 따른 보호구의 착용 다. 카바이드·생석회(산화칼슘) 등과 같이 온도상승이나 습기에 의하여 위험성이 존재하는 중량물의 취급방법 라. 그 밖에 하역운반기계등의 적절한 사용방법
17. 양화장치를 사용하여 화물을 싣고 내리는 작업을 할 때(제2편제6장제2절)	가. 양화장치(揚貨裝置)의 작동상태 나. 양화장치에 제한하중을 초과하는 하중을 실었는지 여부
18. 슬링 등을 사용하여 작업을 할 때(제2편제6장제2절)	가. 훅이 붙어 있는 슬링·와이어슬링 등이 매달린 상태 나. 슬링·와이어슬링 등의 상태(작업시작 전 및 작업 중 수시로 점검)

사전조사 및 작업계획서 내용(제38조제1항 관련)

작업명	사전조사 내용	작업계획서 내용
1. 타워크레인을 설치 · 조립 · 해체하는 작업	-	가. 타워크레인의 종류 및 형식 나. 설치 · 조립 및 해체순서 다. 작업도구 · 장비 · 가설설비(假設設備) 및 방호설비 라. 작업인원의 구성 및 작업근로자의 역할 범위 마. 제142조에 따른 지지 방법
2. 차량계 하역운반기계 등을 사용하는 작업	-	가. 해당 작업에 따른 추락 · 낙하 · 전도 · 협착 및 붕괴 등의 위험 예방대책 나. 차량계 하역운반기계등의 운행경로 및 작업방법
3. 차량계 건설기계를 사용하는 작업	해당 기계의 굴러 떨어짐, 지반의 붕괴 등으로 인한 근로자의 위험을 방지하기 위한 해당 작업장소의 지형 및 지반상태	가. 사용하는 차량계 건설기계의 종류 및 성능 나. 차량계 건설기계의 운행경로 다. 차량계 건설기계에 의한 작업방법
4. 화학설비와 그 부속설비 사용작업	-	가. 밸브 · 콕 등의 조작(해당 화학설비에 원재료를 공급하거나 해당 화학설비에서 제품 등을 꺼내는 경우만 해당한다) 나. 냉각장치 · 가열장치 · 교반장치(攪拌裝置) 및 압축장치의 조작 다. 계측장치 및 제어장치의 감시 및 조정 라. 안전밸브, 긴급차단장치, 그 밖의 방호장치 및 자동경보장치의 조정

		마. 덮개판·플랜지(flange)·밸브·콕 등의 접합부에서 위험물 등의 누출 여부에 대한 점검 바. 시료의 채취 사. 화학설비에서는 그 운전이 일시적 또는 부분적으로 중단된 경우의 작업방법 또는 운전 재개 시의 작업방법 아. 이상 상태가 발생한 경우의 응급조치 자. 위험물 누출 시의 조치 차. 그 밖에 폭발·화재를 방지하기 위하여 필요한 조치
5. 제318조에 따른 전기작업	-	가. 전기작업의 목적 및 내용 나. 전기작업 근로자의 자격 및 적정 인원 다. 작업 범위, 작업책임자 임명, 전격·아크 섬광·아크 폭발 등 전기 위험 요인 파악, 접근 한계거리, 활선접근 경보장치 휴대 등 작업시작 전에 필요한 사항 라. 제319조에 따른 전로 차단에 관한 작업계획 및 전원(電源) 재투입 절차 등 작업 상황에 필요한 안전 작업 요령 마. 절연용 보호구 및 방호구, 활선작업용 기구·장치 등의 준비·점검·착용·사용 등에 관한 사항 바. 점검·시운전을 위한 일시 운전, 작업 중단 등에 관한 사항 사. 교대 근무 시 근무 인계(引繼)에 관한 사항 아. 전기작업장소에 대한 관계 근로자가 아닌 사람의 출입금지에 관한 사항

		자. 전기안전작업계획서를 해당 근로자에게 교육할 수 있는 방법과 작성된 전기 안전작업계획서의 평가·관리계획
		차. 전기 도면, 기기 세부 사항 등 작업과 관련되는 자료
6. 굴착작업	가. 형상·지질 및 지층의 상태 나. 균열·함수(含水)·용수 및 동결의 유무 또는 상태 다. 매설물 등의 유무 또는 상태 라. 지반의 지하수위 상태	가. 굴착방법 및 순서, 토사등 반출 방법 나. 필요한 인원 및 장비 사용계획 다. 매설물 등에 대한 이설·보호대책 라. 사업장 내 연락방법 및 신호방법 마. 흙막이 지보공 설치방법 및 계측계획 바. 작업지휘자의 배치계획 사. 그 밖에 안전·보건에 관련된 사항
7. 터널굴착작업	보링(boring) 등 적절한 방법으로 낙반·출수(出水) 및 가스폭발 등으로 인한 근로자의 위험을 방지하기 위하여 미리 지형·지질 및 지층상태를 조사	가. 굴착의 방법 나. 터널지보공 및 복공(覆工)의 시공방법과 용수(湧水)의 처리방법 다. 환기 또는 조명시설을 설치할 때에는 그 방법
8. 교량작업	‒	가. 작업 방법 및 순서 나. 부재(部材)의 낙하·전도 또는 붕괴를 방지하기 위한 방법 다. 작업에 종사하는 근로자의 추락 위험을 방지하기 위한 안전조치 방법 라. 공사에 사용되는 가설 철구조물 등의 설치·사용·해체 시 안전성 검토 방법 마. 사용하는 기계 등의 종류 및 성능, 작업 방법

		바. 작업지휘자 배치계획
		사. 그 밖에 안전·보건에 관련된 사항
9. 채석작업	지반의 붕괴·굴착기계의 굴러 떨어짐 등에 의한 근로자에게 발생할 위험을 방지하기 위한 해당 작업장의 지형·지질 및 지층의 상태	가. 노천굴착과 갱내굴착의 구별 및 채석방법 나. 굴착면의 높이와 기울기 다. 굴착면 소단(小段: 비탈면의 경사를 완화시키기 위해 중간에 좁은 폭으로 설치하는 평탄한 부분)의 위치와 넓이 라. 갱내에서의 낙반 및 붕괴방지 방법 마. 발파방법 바. 암석의 분할방법 사. 암석의 가공장소 아. 사용하는 굴착기계·분할기계·적재기계 또는 운반기계(이하 "굴착기계등"이라 한다)의 종류 및 성능 자. 토석 또는 암석의 적재 및 운반방법과 운반경로 차. 표토 또는 용수(湧水)의 처리방법
10. 건물 등의 해체작업	해체건물 등의 구조, 주변 상황 등	가. 해체의 방법 및 해체 순서도면 나. 가설설비·방호설비·환기설비 및 살수·방화설비 등의 방법 다. 사업장 내 연락방법 라. 해체물의 처분계획 마. 해체작업용 기계·기구 등의 작업계획서 바. 해체작업용 화약류 등의 사용계획서 사. 그 밖에 안전·보건에 관련된 사항
11. 중량물의 취급 작업	-	가. 추락위험을 예방할 수 있는 안전대책 나. 낙하위험을 예방할 수 있는 안전대책 다. 전도위험을 예방할 수 있는 안전대책 라. 협착위험을 예방할 수 있는 안전대책 마. 붕괴위험을 예방할 수 있는 안전대책

12. 궤도와 그 밖의 관련설비의 보수·점검작업 13. 입환작업 (入換作業)	-	가. 적절한 작업 인원 나. 작업량 다. 작업순서 라. 작업방법 및 위험요인에 대한 안전조치 방법 등

안전보건관리체계 구축 및
관리감독자 평가기준

ⓒ 김형근, 2025

초판 1쇄 발행 2025년 4월 25일

지은이   김형근
펴낸이   이기봉
편집   좋은땅 편집팀
펴낸곳   도서출판 좋은땅
주소   서울특별시 마포구 양화로12길 26 지월드빌딩 (서교동 395-7)
전화   02)374-8616~7
팩스   02)374-8614
이메일   gworldbook@naver.com
홈페이지   www.g-world.co.kr

ISBN   979-11-388-4222-8 (03360)